户外露营指南

徐娜 编著

江苏凤凰美术出版社

目录

第1章　露营装备的选择与搭配

- 005　　一　睡眠系统
- 011　　二　照明系统
- 012　　三　烹饪系统
- 013　　四　家具系统
- 016　　五　保障系统
- 017　　六　私人系统
- 018　　七　卫生系统
- 019　　八　电器系统
- 020　　九　装饰系统

第2章　露营类型与特色

- 025　　一　BC露营
- 036　　二　精致露营

第3章　露营地打造

- 047　　一　选址与布局
- 056　　二　营造要素
- 061　　三　景观设计
- 069　　四　业态"营地+N"模式

第 4 章　露营地分享

- 074　一　山地型露营地
- 085　二　海滨型露营地
- 094　三　湖畔型露营地
- 104　四　森林型露营地
- 116　五　沙漠型露营地
- 120　六　乡村型露营地
- 122　七　特色露营地

第 5 章　露营历史与发展趋势

- 135　一　露营的历史与文化
- 139　二　我国露营的现状与发展趋势

第 1 章
露营装备的选择与搭配

图片来源：安吉野欢原营地

露营装备是人们在享受户外露营生活的时候需要准备的物品。一次完美的露营体验除了有志同道合的伙伴、细致的规划以及安全的营地以外，合适的装备是这一切的基础。

装备丰富的精致露营

一 睡眠系统

户外的睡眠系统能够为人们夜宿提供相对安全的庇佑所。睡眠系统主要包括帐篷（房子）、防潮睡垫（地板）和睡袋（被子）等。

1. 帐篷

露营帐篷可以按结构、使用季节、容纳人数进行分类。

帐篷按照结构分类

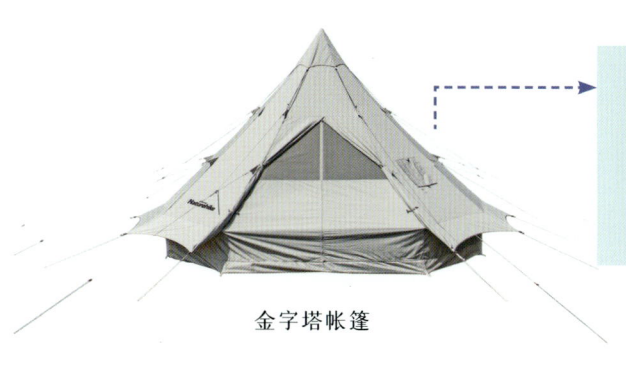

优点：内部空间宽敞，足够让人站立和走动

缺点：无法自行支起且搭建相对复杂，需要用立杆在帐篷中心作支撑，周围还要配合地钉才能稳定

金字塔帐篷

圆顶形帐篷

也称为蒙古包式帐篷。它的框架采用双杆交叉支撑，组装和拆卸简单且方便，是当下最受欢迎的款式

三角形帐篷

搭建较为方便，只需固定好帐篷的角和风绳，把中间撑起来即可，轻便，抗风，稳固

也被称为车载帐篷。其体量较大，顶部架一个结构式的脊形屋顶，四角用四根立柱做支撑，撑起后就像一间独立的小瓦房，适合驾车族或在相对固定的野外露营中使用

屋脊帐篷

优点：占地面积大，舒适度高，可以进行功能分区，适合家庭出游以及朋友聚会
缺点：搭建麻烦，需要借助环状帐杆，还需要打地钉、拉风绳进行固定

隧道帐篷

周身由六个面组合而成，是高山型露营的常用款式，稳固性高

六角形帐篷

帐篷按照使用季节分类

三季帐篷

春、夏、秋三季露营使用
优点：质量轻，防风，防雨，用途广

四季露营皆可使用，但通常在冬季使用
优点：能够抵挡极端恶劣天气，柔韧性和保暖性较高

四季帐篷

登山帐篷

优点：内帐保温性高，外帐则有较高的防水压系数，可抵挡大雨或暴雨。帐篷底部采用高密度防水面料来隔湿防潮，是山上过夜所必需的装备之一

帐篷按照容纳人数分类

按容纳人数分类，露营帐篷分为单人帐篷、双人帐篷、三人帐篷、多人帐篷（四人及以上）。不同帐篷的尺寸设计标准可能不同，但都需要考虑长度、宽度和高度。

①长度。帐篷长度不仅要考虑身高，还必须前后各留出一部分，如果还有背包等物品，也需要计算在内，一般在 200～220 厘米为宜。

②宽度。正常男性标准肩宽是身高的 1/4，女性会稍窄一些。正常休息时，肩宽的 2～2.5 倍宽度可以保证舒适度。因此，双人帐篷的宽度一般为 130～145 厘米。

③高度。一般男性坐高为 90.8 厘米，女性坐高为 85.5 厘米，为了兼顾舒适度，一般帐篷高度为 105～115 厘米；容纳多人的帐篷则会更高一些，在 135 厘米左右。

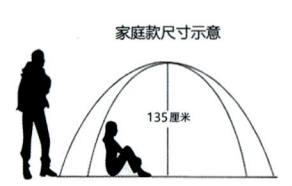

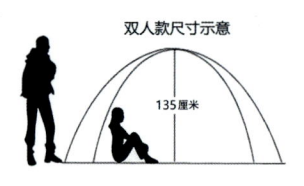

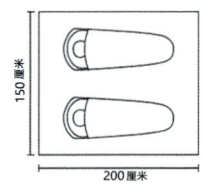

多人帐篷尺寸图解

双人帐篷尺寸图解

2. 防潮睡垫

防潮睡垫重量轻、易打包，相当于户外的床。在野外露营时，一般夜间地面潮湿，仅靠帐篷底为垫，防潮效果微乎其微，若在身体与地面之间用防潮垫相隔，保暖、隔湿效果会好很多。另外，由于在野外露营时很难找到一块平整的地方，睡觉时会觉得很不舒服，使用防潮垫则会改善很多。

不同类型的防潮睡垫

易压缩、好折叠、反光、隔热、防水、防潮、保暖，适用于多种户外场景

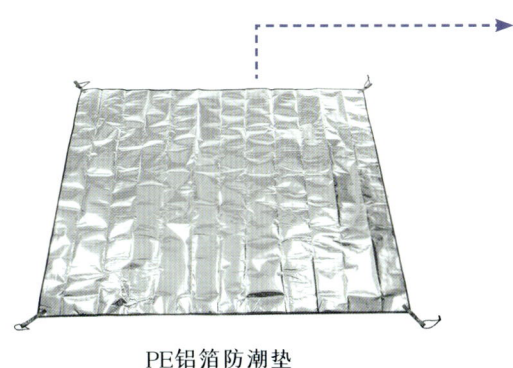

PE铝箔防潮垫

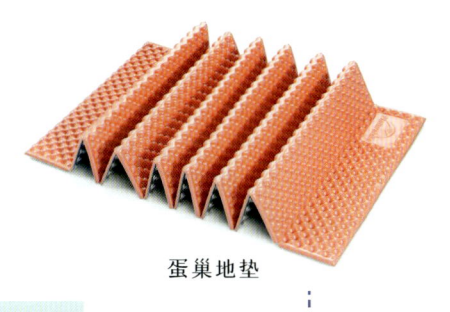

蛋巢地垫

耐用、耐磨、耐穿刺，加厚保暖，回弹迅速，可折叠

建议选用双层充气防潮垫，防穿刺能力更强，舒适度更高

充气防潮垫

3. 睡袋

露营在外，保证夜晚的休息至关重要。睡袋主要从温标、保温材料、款式几个方面来选择。没有最好的睡袋，只有最适合的睡袋。选择指标也只是作为参考，毕竟每个个体情况不同。建议出发前试一下，能有更直观的感受。

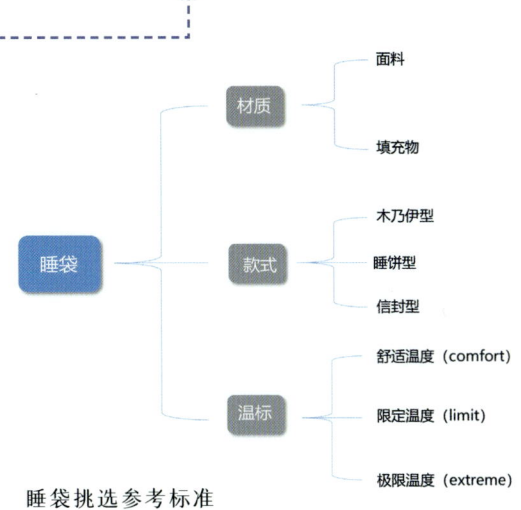

睡袋
- 材质
  - 面料
  - 填充物
- 款式
  - 木乃伊型
  - 睡饼型
  - 信封型
- 温标
  - 舒适温度 (comfort)
  - 限定温度 (limit)
  - 极限温度 (extreme)

睡袋挑选参考标准

温标

睡袋温标评测标准

名称	评测标准
舒适温度	一个人在睡袋里能平躺着睡觉时，不感觉冷的最低气温
限定温度	一个人蜷缩在睡袋里睡觉时，不觉得冷的最低温度
极端温度	通俗来讲，就是生存的极限温度

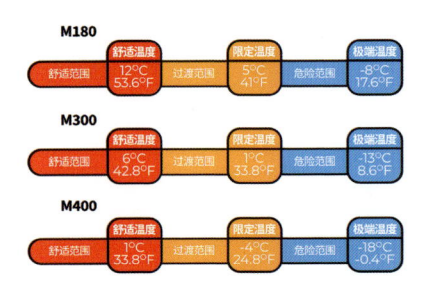

睡袋的温标

ISO国际标准化组织下的欧洲睡袋测评结果

款式

可以覆盖头部，保暖性能高，但活动起来较为艰难，适合在0℃以下的环境露营

木乃伊型睡袋

适合家庭出行或者在有较大活动空间的情况下使用，更适合非徒步人士使用

信封型睡袋

内部空间更大，活动更自由

睡饼型睡袋

保温材料

轻柔保暖，蓬松度高，触肤感好，还具有吸湿、散热的良好性能，价格较高，洗涤要求高

羽绒

价格比天然羽绒便宜，且随着科技发展，具有轻、软、暖、透气、透湿、不霉、无蛀、耐水洗等优点

仿羽绒

二 照明系统

户外的夜晚虽浪漫得让人向往，但随处都充满着危险，黑夜里最不能缺的就是光。为了保障活动范围的安全，通常会携带露营灯。露营灯有很多种类，挑选时需要考量照明时长、照明亮度、便携性、防水性、稳定性5个要素，并根据自身的需求进行选择。

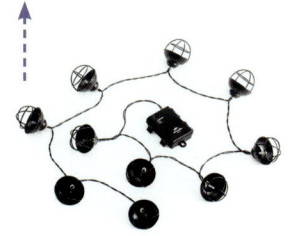

一般比较迷你，"颜值"高，亮度高，主要用来照明，大多是LED灯

帐篷灯

一般采用煤油灯，即使采用LED光源，也会模拟出煤油灯的效果，从而打造出浪漫的氛围

氛围灯

一般缠绕在帐篷周边或帐篷绳上作为装饰，不仅可以营造浪漫的氛围，还可以在黑夜衬托出帐篷绳，避免绊倒

装饰灯

三 烹饪系统

较为安全的户外烹饪工具，搭配气罐使用，适配多种烹饪器皿，灵活实用。火苗比较容易控制，不易对自然造成破坏

卡式炉

配合卡式炉使用，高压缓冲设计更为安全，根据烹饪时长准备气罐的数量，平时存放时注意避免暴晒或者接近火源

气罐

防风挡板

可以有效遮挡风，降低其对火苗的影响，保证卡式炉的正常使用

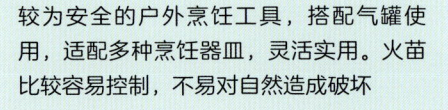

锅碗餐具

首选轻便的铝材炊具，耐腐蚀、耐高温、耐磨；建议挑选一体式或套娃式，便于收纳和携带

刀具砧板

砧板的下板内部设置2个磁铁，可以吸附刀具，使之贴合刀槽，砧板可折叠后收纳到手袋里

四　家具系统

休息区的搭建至关重要，围炉谈话、看湖饮茶、钓鱼等休闲活动都需要它。天幕的作用类似于公园的亭子，挑选天幕时，主要关注它的遮阳作用。而折叠桌、折叠椅则是可移动的休息区，需要关注支撑力、便捷度等方面。露营的时候，大部分时间是坐着的，比起坐在潮湿的草地上，一把舒适且便携的露营椅会大大增添我们在户外的幸福感。

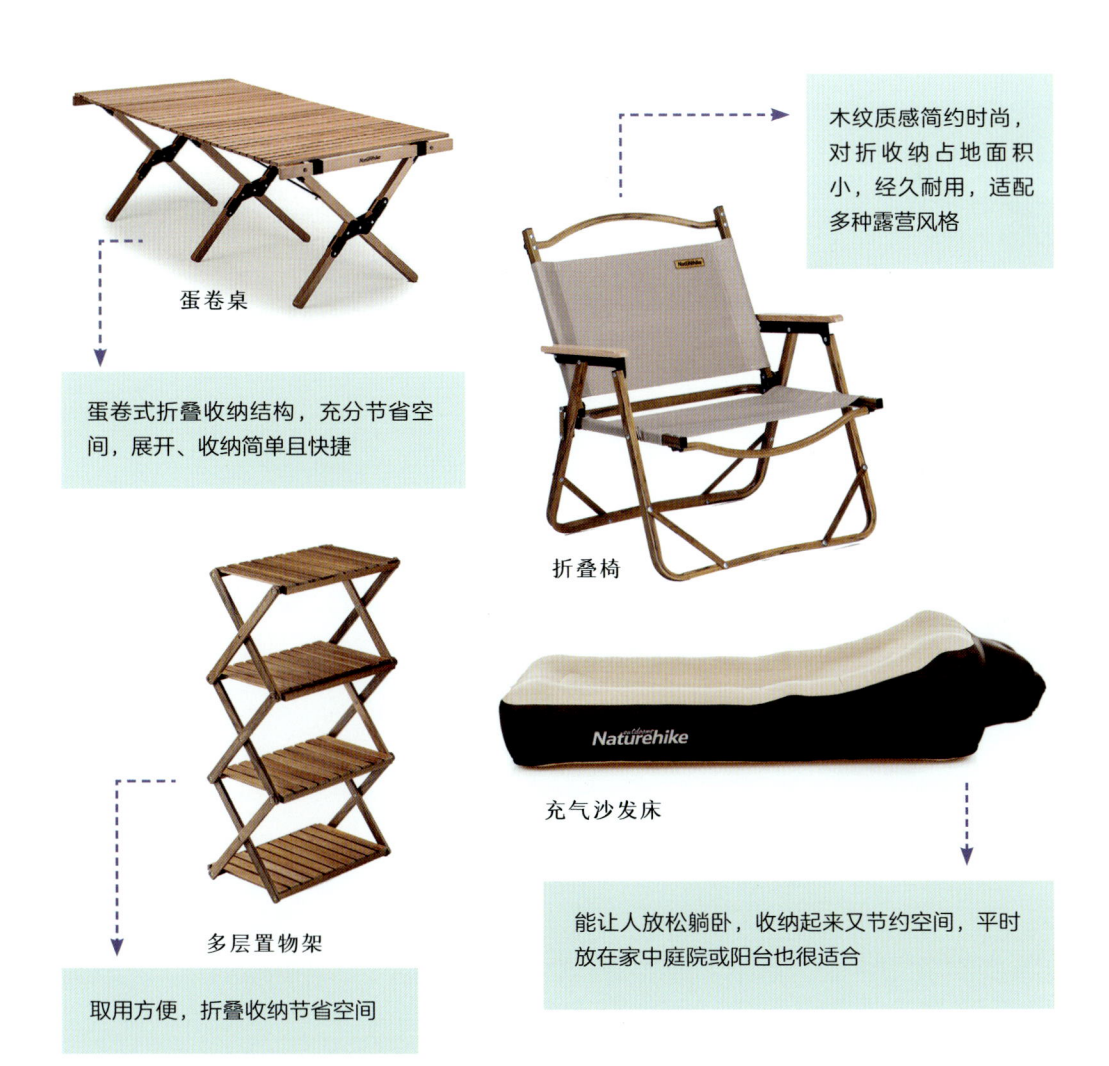

蛋卷桌

蛋卷式折叠收纳结构，充分节省空间，展开、收纳简单且快捷

木纹质感简约时尚，对折收纳占地面积小，经久耐用，适配多种露营风格

折叠椅

多层置物架

取用方便，折叠收纳节省空间

充气沙发床

能让人放松躺卧，收纳起来又节约空间，平时放在家中庭院或阳台也很适合

天幕

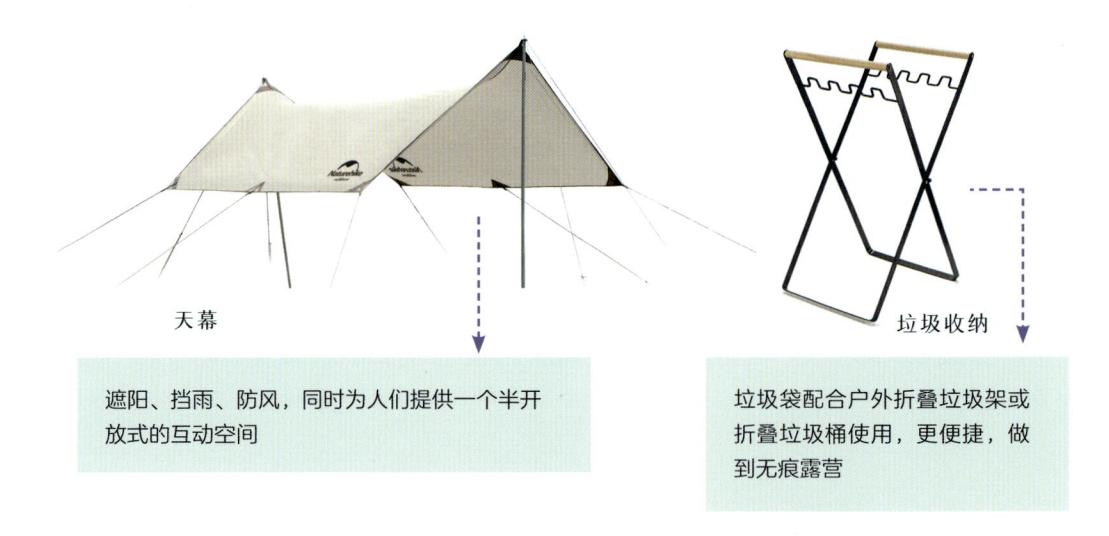

遮阳、挡雨、防风，同时为人们提供一个半开放式的互动空间

垃圾收纳

垃圾袋配合户外折叠垃圾架或折叠垃圾桶使用，更便捷，做到无痕露营

常见天幕按照形状分类

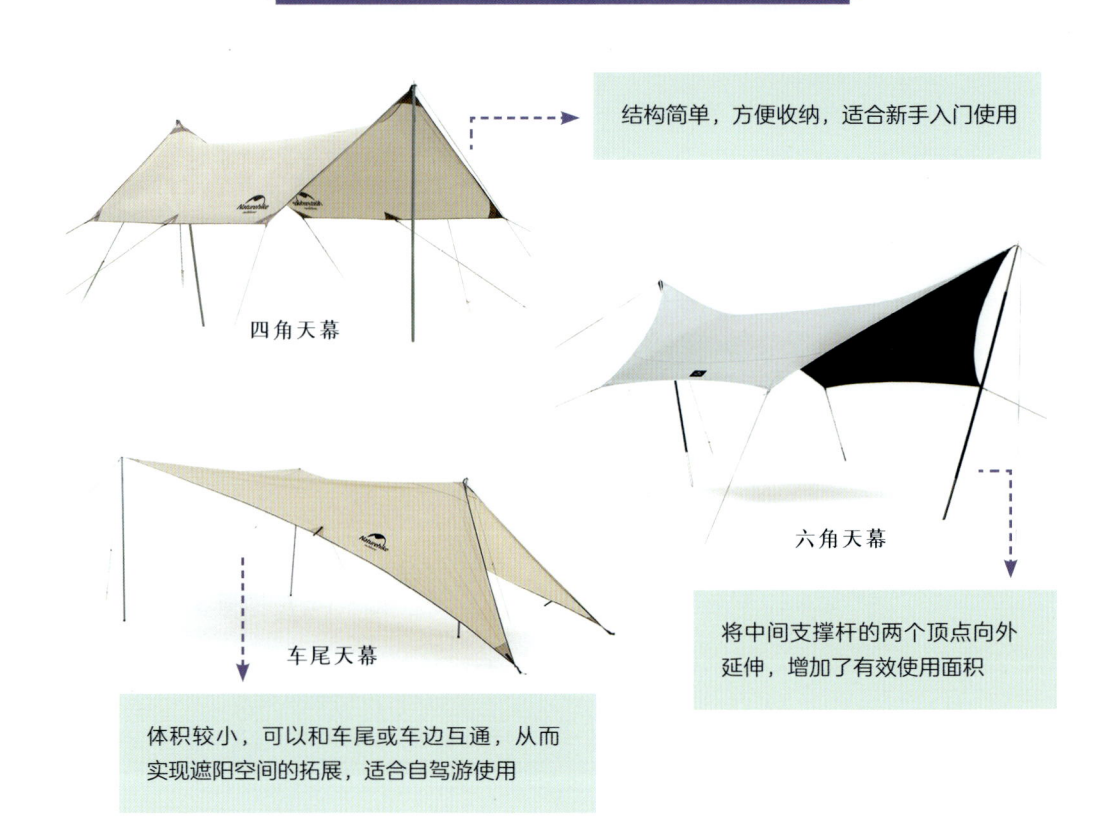

结构简单，方便收纳，适合新手入门使用

四角天幕

六角天幕

将中间支撑杆的两个顶点向外延伸，增加了有效使用面积

车尾天幕

体积较小，可以和车尾或车边互通，从而实现遮阳空间的拓展，适合自驾游使用

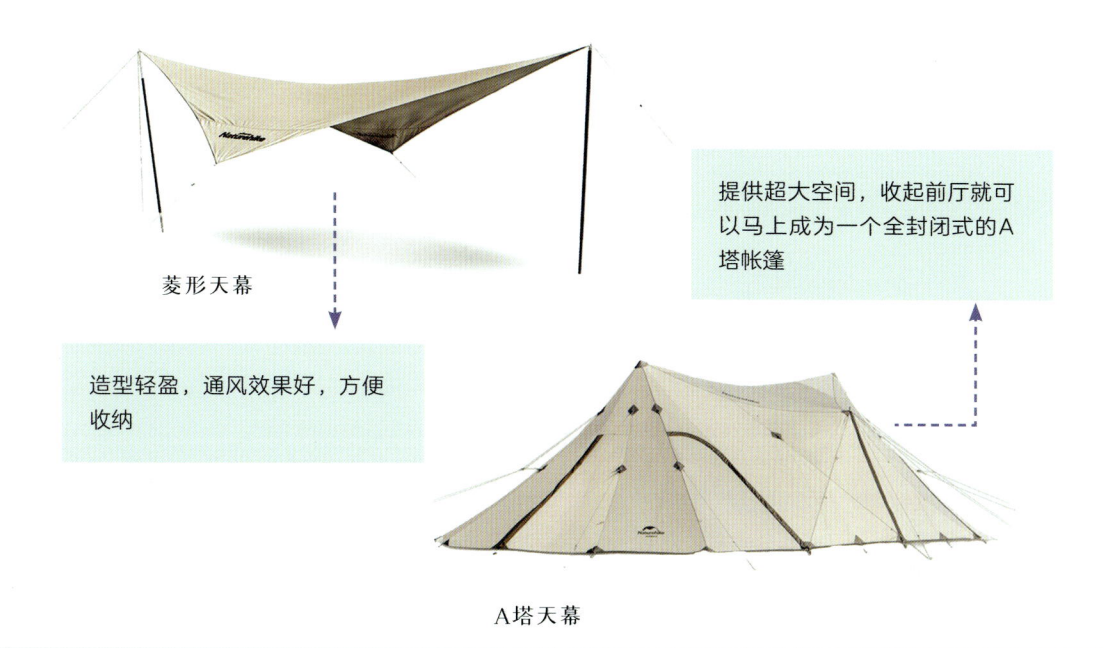

菱形天幕

造型轻盈，通风效果好，方便收纳

提供超大空间，收起前厅就可以马上成为一个全封闭式的A塔帐篷

A塔天幕

小贴士

天幕涂层的选择

▶ **黑胶涂层**

黑胶涂层的遮光性强、防晒效果好、凉快、无异味且不易老化，涂层越厚，防晒效果越好。炎热夏日，紫外线就像一个隐形杀手。当遮光黑胶涂层的紫外线防护系数大于50时，防紫外线功能较强。

▶ **银胶涂层**

银胶涂层可以反射阳光，使天幕下方凉爽透气。相对于黑胶来说，其重量更轻，且光线会更亮。

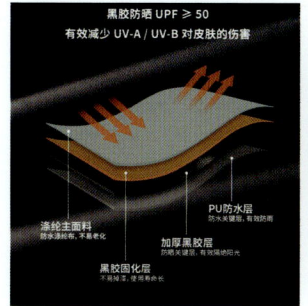

黑胶涂层 　　　　银胶涂层

015

五　保障系统

储水桶

以硬质PP材质和带水龙头的款式为佳，建议购买20～30 L的容量

收纳箱

单个箱子里物品较多时，可遵循"软包硬"的原则。首先放置较硬的物品，然后用桌布等柔软的物品填塞缝隙，在几乎不增加重量的同时，提升收纳和保护效果

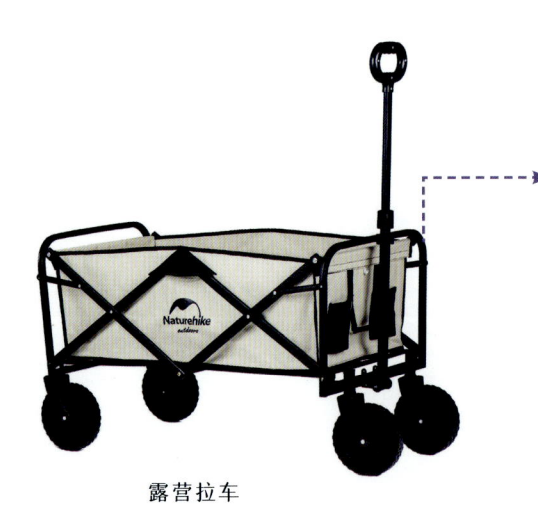

露营拉车

最好选择万向轮款式，适合各种路况使用

六 私人系统

无论白天气温如何，野外的夜晚都常给人身处另一个季节的错觉，因而在营地需要格外注意以下几点。

①穿上长衣、长裤，隔绝皮肤与外界的直接接触，减少蚊虫的叮咬。
②准备一条防水裤，选择坐姿时可避免衣服里进水。
③准备一双登山鞋，在负重前行时可保护脚踝。
④储存一些高热量食物，如巧克力、饼干等，方便携带且能快速补充能量。

洗漱用品

选择有透明可视窗的露营洗漱包，包身采用防水面料，有提手，方便携带

食物

根据个人口味和选择的露营形式来准备食物，最好是可以暂时密封保存的食物，如肉类，在家里处理成半成品

携带轻便、好收纳的保暖服装，最好具有保暖锁温和防水的功能

保暖衣物

七 卫生系统

在野外需要考虑如何从容解决洗澡和如厕的问题。

洗浴帐

搭建方便，保护隐私，透气多窗且干湿分离，可满足多种户外需求

折叠马桶

一键收缩，方便折叠，便携，承重力强，也方便水洗；搭配全生物降解材料垃圾袋，自然环保无污染

太阳能淋浴袋

使用纯黑EVA环保加厚面料，吸热更快，加速提升水温且小巧易收纳，采用大口径进水口进行灌水，使用起来非常便利

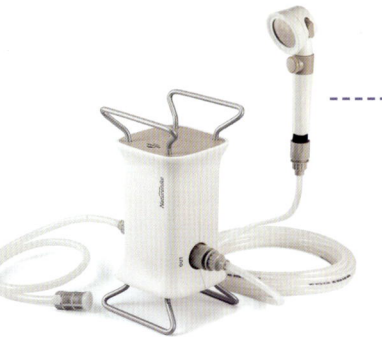

车载户外淋浴器

适用于户外淋浴、汽车冲洗、宠物洗澡等，可以实时调节水流档位

八 电器系统

在户外露营，想要充分享受并得到舒适的体验，少不了使用很多小电器，它们可以为露营增加许多乐趣和体验感。但想让这些小电器施展出功力，首先要解决最基本的用电问题。

户外电源

帮助解决户外用电需求

户外音响

愉悦心情、提升场地气氛的不错选择

户外冰箱

夏季露营野餐必备，搭配制冰机使用更完美

电风扇

让露营者即使身处夏日的户外，也能够享受到丝丝凉风，给人清凉宜人的露营时光

户外投影仪

可以呼朋唤友看露天电影、体育赛事，获得多人共享大画面影像的快乐

户外空调

拥有1200瓦制冷功率，酷爽清凉，降温速度快，需要在最少8平方米的帐篷空间内使用

九 装饰系统

可以利用布艺，如彩旗、桌布、地毯等渲染氛围，同时根据自己的爱好来选择、携带装备进行休闲活动，如泡工夫茶或喝咖啡等。

彩旗

毯子

工夫茶

桌布

制作咖啡

小贴士

露营安全和注意事项

露营时，安全永远是放在第一位的。仔细阅读以下露营安全提示，才能够拥有一次有趣、安全且难忘的露营之旅。

①去露营之前，需要提前查询当地的天气情况。露营时大部分时间都在户外，而且帐篷的保暖性也相对较差，需要提前准备好应对特殊天气的物品，如雨衣、雨靴、披毯等。

②不要直接在地面焚烧生火，这样会破坏环境。可以使用焚火台，使其底部支架与地面保持一定距离，防止篝火蔓延。使用完毕后，一定要确保炭火完全熄灭。

③严格遵守露营地的规范，不要私自到达未经开发的区域。尽量做到无痕露营，不砍伐树木，不随意打扰野生动物。

④尽量多带一些不需要冷藏的食物，在干净、清洗过的台面上准备食材，用可食用的水清洗水果和蔬菜，不要将生食和熟食混合。及时将食材放置在营地准备的冰箱或保温箱等密闭容器内，避免吸引野生动物。

⑤户外露营时，急救包是必备的。即便是精致露营，也有很多事情无法控制，应确保备有以下物品：创可贴、抗菌软膏、纱布垫、消毒湿巾、安全别针、棉签、消炎或退热药品、防蚊虫叮咬套装、眼药水、镊子、小剪刀、无菌敷布等。

户外急救包

⑥对于降水频发的地区，需要特别注意扎营的位置安全，临河扎营需要随时关注水质的变化，预防山洪突然来袭。提前准备好发生危险时的撤离路线，有效节约撤离时间。

密闭的食物保温箱　　使用焚火台生火

小贴士

露营礼仪

露营生活本身很美好,但遵守礼仪也同样重要。"不学礼,无以立。"遵守我们必须遵守的,不给他人添麻烦,这样才能在露营中拥有好心情。

①不要随意穿越他人的营地,并且教导孩子们也这样做。

②营地会有约定俗成的安静时间,一般是晚上10点到隔天的早上6点。

③一些营地提供淋浴、卫生间和水槽等设施,露营者要在使用后恢复整洁。

④即使在欢迎宠物的营地,也需要主人管理好自己的宠物,不要给其他的露营者带来危险或困扰。

⑤深夜需要在营地活动时,请合理使用灯光,尽量避免强光干扰其他人的睡眠。

⑥用行动践行环保,与自然和谐共生。

夜晚露营要合理使用灯光

帐篷内的美学陈设

第 2 章
露营类型与特色

图片来源：安吉野奴露营地

一　BC 露营

　　BC 是英文单词 bushcraft 的缩写，从字面上来说是丛林技能的意思，人们习惯把 bushcraft camping 翻译为荒野露营，又称为 BC 露营。BC 露营是人类在野外的一种生存技能，这些技能都是几百年来山林原住民、拓荒者等在野外生存必备的。在资源有限且不破坏环境的情况下，最大限度地利用简单的工具，与大自然和谐共处，自己动手，亲力亲为。

　　选择 BC 露营这种方式的前提是已经有充足的准备，并且具备了基本的技能，有计划地携带精简的装备走入山林去生活一段时间。BC 露营虽是在户外生活，但是所到之处基本都拥有比较纯粹的自然生态，没有电，没有卫浴设备，没有人工水源，没有平整后的营地地面，甚至距离人类生活的地方都有一定的距离。

BC露营生火

1.BC 露营的特点

　　（1）尽可能利用自然环境中的材料。

　　这是 BC 露营的准则，也是精髓。手工是 BC 露营中重要的组成部分，尽量减少装备的负担，就地取材制作一些工具，是资深玩家的乐趣和享受。利用合适的木棍代替帐杆搭建帐篷，用削尖的木条代替地钉固定四角；天幕也可以就地取材搭建，将风绳绑在合适的树干上；采集死木和散落的木头劈柴生火，用天然的石块搭建炉灶代替焚火台；手工制作木勺、木筷、砧板等。

利用掉落的树枝搭建装备

（2）背包追求轻量化。

BC露营对于装备的品类要求并不多，轻装上阵更考验露营者在野外的生存技巧，装备对科技的依赖越少越好。小小一个背包，装不下所有，却包含着玩家想要说走就走的渴望。技能与装备并重，提升野外生存技巧，才能体验更多。

BC露营装备清单

BC露营背包

2.BC 露营的装备

刀、斧、锯

刀具用来切割绳索、削割树枝、做各种形状的小物品，如勺子、筷子等
斧头用于野外劈柴生火
折叠锯用来锯一些粗壮的树枝，来制作生火的支架、支撑帐篷的杆子、烧火的柴等

打火石

用打火石和木屑将火引燃，做成火堆，用来烧烤食物、烧水或照明

指南针

去到野外，不妨试试用指南针辨别方向，感受一下古人的智慧

高频口哨

音调较高，更容易被同伴听到

吊床帐篷

可以远离潮湿的地面，也可以躲避蛇、虫等动物的侵袭，不过首先要学会在上面翻身

小贴士

制造篝火

▶ **准备工作**

确保营地允许生火。制作篝火之前，须清除周围的易燃物。提前购买好木柴和引火物，切勿在大自然里砍伐树木。收集干燥石块围成篝火环，旁边准备一桶水或一把铲子，以备不时之需。

▶ **点燃篝火**

背对风，用准备好的引火物点燃篝火，轻轻吹气，以增加火势大小。先点燃较小的火种，再添加较大的火种，可以将木柴搭建成帐篷型篝火或木屋型篝火。

▶ **熄灭篝火**

离开之前，请确保篝火已完全熄灭，且灰烬也没有热度。

帐篷型篝火

建造方法： 将引火物和木柴放在火种上方，形成锥形。圆锥结构的柴将向内倒下并拱火

优点： 制作简单，可快速烹饪，也可燃烧潮湿的木材

缺点： 需要频繁添加木材

木屋型篝火

建造方法： 使用中等大小的木柴在圆锥形篝火周围以正方形建"墙"，并在建造时继续以交替的方式铺设

优点： 可以提供均匀的温度

缺点： 搭建较为复杂

小贴士

BC 露营安全意识

①在搭建好帐篷之后，入口要始终保持关闭状态，既可有效防止蚊虫，保障休息，又可以避免一些危险性的野生动物闯入带来的安全隐患。

②将随身物品放置在帐篷内部，如果夜晚突发紧急状况，可以迅速起身穿鞋、背包后撤离。

③收纳好防身工具，并在夜晚休息时放置在随手可取的位置。如有意外情况发生，带上头灯，握着刀具就可以逃生；如遇到帐篷打不开时，也可以用刀具快速割开帐篷逃生。

④最好在夜晚安排人员交替值班，大家轮流休息，随时观察周边环境，安全露营。

有格调的帐篷内景

营地分享

营地名称	瓶窑野趣营地
营地类型	BC型
占地面积	约7000平方米
营地地址	浙江省杭州市余杭区瓶窑镇马关头（芮家坞水库）
基础设施	公共卫生间、淋浴房、免费停车场、自来水等

瓶窑野趣营地从杭州自驾出发只需40分钟左右即可到达，距离上海市区2.5小时车程。营地竹林环抱，面朝芮家坞水库，山涧穿流而过，树木林立，绿意连绵。

营地鸟瞰图

营地设施简单，最大化还原野外生存环境，给BC玩家和爱好者提供一种更"野"的露营方式和体验。营地拥有简单基础的露营设施，有公共卫生间2个、淋浴房2个、免费停车场、自来水等。原始的户外生活，一切由自己创造，让不可能成为可能。

营地入口

030

木头搭建的独特三角木屋、躺椅等，打造原始部落的休息区。自然纯粹，结构稳定且抗风。

休息区

三角木屋

　　营地还提供庇护所，供玩家体验。庇护所就是一套防止在野外受到风雨侵袭、蚊虫叮咬的设备，军绿的配色与大自然融为一体，既能遮阳，也能避雨。

庇护所

如果露营时遇到糟糕的天气，这种圆顶帐篷可以有所帮助。它通常安装在木质平台上，平台内部有热源，住起来更为舒适。帐篷内还配备了置物架、行军床、睡袋、毛毯、充气枕头、露营灯，在保证舒适的同时，安全性和私密性都不用担心。

圆顶帐篷

营地还提供金字塔帐篷供露营者租借和使用，沉浸式体验BC露营，轻装备、简单纯粹地享受自然的给予和馈赠。金字塔帐篷也配备和圆顶帐篷同样的露营装备。

金字塔帐篷

营地暂时不提供餐食，还原最原始的露营生活。玩家可自带装备，从搭建到手工，自己动手制作一些户外工具，简单地烹饪一餐美食，煮一杯香气四溢的咖啡……

　　在远古时代，我们的祖先都是BC大师。采集、狩猎、生火并保存火种，利用自然资源制造生活所需，这一切都是他们的日常生活。到了现在，大家选择BC露营，不是为了生存和温饱，更多的是返璞归真，追求一种质朴、自然的生活状态。

厨具

烤肉

手工制作

　　手工是BC露营的重要组成部分，尽量减少装备的负担。就地取部分木头和散落的木棍，用天然的石块搭建炉灶代替焚火台，手工制作木勺、筷子等。取于自然，还于自然。

手工制作坐凳

生火劈柴

BC 露营中,斧子不可或缺。沿着树干的纹理扬斧下劈时紧绷的肌肉,将力量的美学运用到极致。建议没有掌握技巧的小伙伴们不要轻易尝试,"翻车"的时候还是有损形象的。

BC 露营更像大人们的"过家家",自然、自由,充满冒险和未知。

搭建焚火台

享受自制美食

二 精致露营

　　精致露营的英文是 glamping，是 glamorous camping 两个单词的缩写，最初翻译为野奢露营、风格露营等，在比较小的受众群体内流行。2020 年，一种以优雅、舒适为主要特征的露营成了都市人非常热衷的新生活方式，其概念被赋予了更多的解读，如豪华露营（也可以称之为有魅力的精致露营）、轻奢露营等。

　　对比其他类型，精致露营对营地的环境、装备的搭配、餐饮的摆放、娱乐项目的体验以及整体的露营美学都会有较高的要求。各种极具个性审美和艺术品位的元素共同构成了人们心中理想的露营状态。精致露营的热衷者希望它不仅仅是一种潮流，更是一种生活方式、一种户外文化。

精致露营的帐篷内景

1. 精致露营的特点

（1）舒适感。

精致露营最根本的特质就是轻松和舒适。舒适感简单来说体现在衣食住行：适合露营的穿着、丰盛的饮食、完善的睡眠系统以及方便快捷的露营自驾线路。在帐篷和天幕的庇护下，都市人可以较为轻松地实现一次短暂的逃离，既可以回归自然，又不会真的离开舒适圈，只需花费很少的时间和金钱，就能体验"生活在别处"。

舒适的精致露营场景

（2）仪式感。

　　精致露营的装备要美观、精致，环境要时尚、有国际感。帐篷、桌布、餐具要精心挑选与整体景致协调的款式；帐篷外悬挂氛围灯、装饰彩旗，帐篷内陈设无明火的香薰等。这些物品都不是传统露营必备的物件，但却是精致露营中不可或缺的。相对于户外野营自给自足的辛苦，人们更能接受精致露营的仪式感所带来的精神和生活享受。

营地午餐　　　　　　　　　　　　　　　营地晚餐

（3）氛围感。

　　精致露营营地要保持整体风格的统一，营区本身就是极具艺术观赏性的核心景观，再加上独具特色的自然环境，给人的视觉冲击力更强，氛围营造也更为浓厚。

与环境风格统一的精致露营营地

与环境风格统一的营地休闲区

（4）多元化露营场地。

露营广受欢迎的另一部分原因在于它的多元性，可以与各种业态完美结合，不局限于自然景观环境，城市也可以建造非常优美的露营地。

"露营风"屋顶花园

"露营风"客厅

2. 精致露营的分类

（1）搬家式露营。

对于对露营有强烈爱好和研究的资深玩家，这种方式较为合适。他们自带全套露营装备，将车塞得满满当当，到达营地后，自由选择一处风景优美之地，自行组装设备，布置一个户外新家。

露天电影 　　　　　　搬家式露营

（2）营地露营。

营地露营一般是指有一定基建的商业露营，这类营地基本上都配备半永久帐篷、用水设施、卫生间，甚至还会设置淋浴房。

营地经营者会提供全套露营装备，客人只需按时抵达，像办理酒店入住一样即可，不需自带任何装备，甚至不需要搭帐篷，比较适合想要体验露营的新手，但成本相对较高。

商业露营地 　　　　　　帐篷内景

沙滩露营（图片来源：极玩地球三亚营地）

（3）居家露营。

把户外露营装备搬到室内空间，让"露营风"成为一种新的家居风格，在居家之余也拥有露营的幸福感，解锁新的生活方式，给居家生活更丰富、更多元的可能。

"露营风"成为一种新的家居风格

采光好，通风好，视野开阔，最适合营造"露营风"

阳台、庭院

客厅

空间宽敞，家具、摆件等可以更加自由、灵活的变化和组合

在办公、阅读之余，可以得到短暂的放松和休息

书房

家居空间想要完全具象化突出"露营风"的特点，就需要选择一些经典的露营装备来配合呈现。

收纳箱

根据家具的风格来选择，米色、墨绿色可以从视觉上增加"露营风"的属性

露营床、椅

可以代替沙发或者单椅，从配色到材质都要尽量贴合自然，营造露营的氛围

露营灯

装饰灯串可以点缀在墙面、窗帘或阳台；手提的露营灯也可以在家居中使用，比装饰灯串更能营造露营的氛围感

帐篷

适合亲子间游戏互动，但要避免影响日常的光线和行走动线

野餐垫

在家居空间可以被赋予很多属性，比如用来作桌布、沙发垫、床尾巾、地毯等

露营是为了亲近自然，回归生活，而绿植是营造自然氛围的重要点缀。可以选择琴叶榕、龟背竹、散尾葵、芭蕉叶等比较好养护且叶片比较大、视觉饱和度较高的绿植，营造绿意和自然韵味

绿植

第 3 章

露营地打造

图片来源：安吉野欢原营地

露营地的设计是非常重要的环节。营建一个优美且充满吸引力的营地，整体的打造很关键。其目的不只是让营地更加美观，更重要的内核是希望通过最佳的设计给客人留下深刻的印象和美好的体验。

营地建设和经营的门槛并不低，看似为酒店经营模式，实则是在运营景区。比较成熟的营地大都会选址在较有特色的环境里，营地的氛围营造很大程度上依附于自身现有的条件。所以，用景区的运营思维来打造营地，很多难题都可以迎刃而解。

露营地布局方式

一 选址与布局

1. 选址

营地的选址需要满足环境、交通、区位及用地条件这4个要素。当然，有时也不必完全拘泥于这些。营地的类型多样，各有特色，在营建前期，设计师一定要有全局思维，找到一个亮点，并且能够发散性地将亮点进行延展。

营地选址的要素

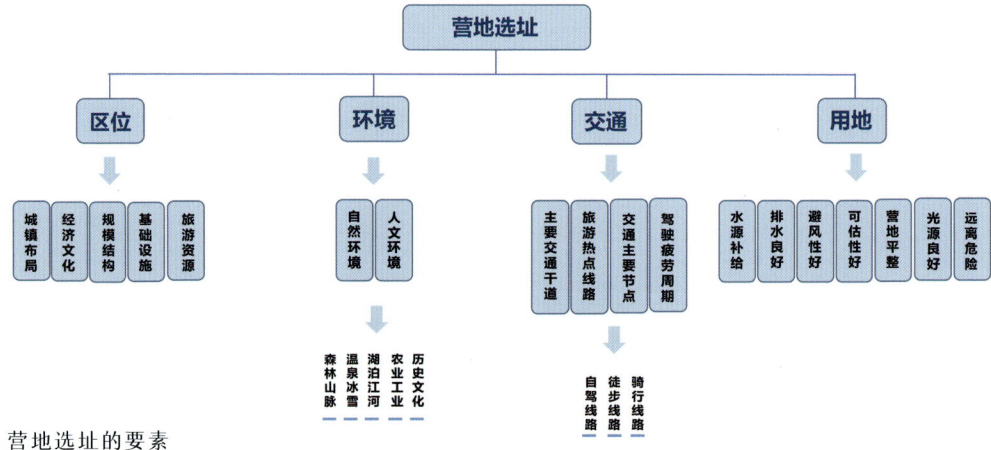

　　从营地的自然环境出发，优先选择有山有水、土地平整的区域，如开阔山地、湿地滩涂、宽阔海岸等。那么，戈壁、沙漠、梯田等地可不可以呢？当然可以！可以将其劣势转化为优势，因地制宜才能打造出营地的差异性。

　　营地应基于周边环境和地域文化去设计适时适地的景观。选址最大的优势是稀缺性、唯一性，用独到的眼光开辟冷门景点，倒更有"柳暗花明又一村"的效果。打开思维的壁垒，赋予营地设计更多可能。

天幕营地

不管是独立开发的目的型营地,还是依附既有景区的配套型营地,都必须有自己独特且明确的主题、设计手法和风格。因为大批量、复制粘贴式的营地会给客人造成审美疲劳,缺乏吸引力,只有不断推陈出新和营造亮点,才能让客人有记忆点。营地的半永久性建筑(如营地的帐篷、房车、木屋等)可以在外形上多花心思,根据周边客群市场来打造营地的主题风格。

"蛋巢"营地

"贝壳"营地

回归大自然是露营活动的魅力之一，如何让露营者能够沉浸式感受营地的自然魅力，是在营地选址设计时就需要思考的问题。可持续发展对于自然生态和营地环境来说都需要放在首要位置。再根据营地所在区域的风土人情、环境特色和季节变化等来营造特色化、个性化的露营氛围。

野生动物营地

营地公共设施

2. 布局

布局形式

营地根据类型、自身的特点以及目标客源，进行不同的功能分区。一般而言，都会设有综合服务区、管理区、露营区、休闲娱乐区。营地的布局会受到地形地貌、排水、道路交通、植被、光照等因素影响。常见的布局一般分为树枝型布局、围合型布局、组团型布局、集中型布局、条形布局、混合型布局。

从主干道延伸出来的分枝形末端道路将各个营地串联起来，适用于受自然条件限制的狭长地形，如山谷和河岸

树枝型布局

围合型布局

沿道路周边布置营地，并使用道路分隔较大的开放式活动空间。该空间用于团体活动或搭建帐篷营地等，适用于较为平坦的场所

组团型布局

由数个营位组成的组团散布在营区中，通过道路组织连接起来
优点：布局相对紧凑，具有一定程度的灵活性，节省道路面积和投资
缺点：营地彼此靠近，容易相互干扰，圆形集群与自然的融合性较差

营地地形平坦时通常使用紧凑的集中型布局
优点：占地面积小，容量大
缺点：场地平整度高，营地密度大；旺季时会感到拥挤；缺乏必要的隐私空间，难以改善露营环境的质量

集中型布局

一条不规则的环形道路将营地串联起来，通常是单向环路，每个环路都由上层道路并联连接
优点：可以改变环线的形状以适应自然地形；单向环线方便组织交通；露营空间扩大，空间更加开放，露营者的心理舒适度得到提升，使得露营活动质量得以提高
缺点：道路占地面积大

条型布局

在营地的实际规划设计中，会遇到地形起伏不定，土地利用方式也不同的情况。单个布局形式不能满足实际的布局要求，因此，需要综合使用两种或两种以上的布局形式，以达到最高的空间利用率和与自然环境适当融合的目的

混合型布局

功能分区

露营地就像一个设施完备的社区，由综合服务区、露营区、篝火区等功能区组成，每个功能区都需要合理衔接、相互映衬、协调发展，使营地成为既有统一风格又有分区特色的有机整体。

类似于游客接待服务中心，有三大主要功能：展示，服务，管理。在满足相应功能的同时，还要便于使用，并塑造出舒适宜人、丰富的室内外空间环境

综合服务区

每一顶帐篷下都要设置露营台，能够有效防潮、防蚊虫；帐篷之间要有2~3米的距离，尽量避免声音和行走的干扰

露营区

053

需要和露营区保持一定的安全距离，禁止使用明火，以免造成危险。最好使用焚火台，将对大自然的危害降到最低

篝火区

一般位于篝火区的旁边，餐桌椅多取材于自然，以防腐木和天然石材为主

就餐区

篝火区和帐篷区附近需要设置，便于人们根据需求就近使用，不建议去河边等地自行取水

用水区

洗浴卫生区

建筑的材质需要与周围的环境保持统一，且与露营区保持适当的距离，在不影响客人露营感受的同时，路程又不能太远

公共休息区

娱乐区

是大自然中的沉浸式社交体验空间，人们可以在这里看露天电影、听音乐等

定期平整草地、修剪植物、清理碎石，不同的娱乐项目之间使用栅栏或其他材料进行划分，避免发生意外事故

二 营造要素

营地建设必备的四要素是场地、装备、服务和客源。只有四要素齐备，营地才能正常运转，四要素的质量决定了营地经营的效果。

1. 场地

场地是四项要素中最根本的，其交通位置、所有权性质、地形地貌和周围环境将决定营地的品质、经营季节和服务模式。

（1）场地位置。

场地的位置是相对于客源所在地而言的，是营地的客源定位、经营模式和使用率的决定性要素。

不同场地位置的营地特点

名称	特点
城市营地	①位于市内或近郊，通常是公园、商业场所的空地或有好的景观和隔离感的闲置地块 ②主要满足本市居民平日及周末的休闲玩乐需求，经营方式可根据场地的情况灵活选择，具备高使用率经营的条件
城市周边营地	①离主要客源城市不超过3小时车程，通常是具有良好的隔离感、特色景观、户外休闲项目或气候条件的公共地或者旅游景点 ②主要满足周围城市居民节假日的休闲玩乐需求和团体客户，必须有餐宿功能，一般更适合高品质、高单价经营
景区营地	①需要景区本身在大中型旅游城市的游览半径内，或该景区本身就有一定的客流量，通常是景区当中闲置但可以更好地让顾客体验风景和户外活动的地块 ②主要增加景区自有游客的停留时间和消费，吸引潜在游客，使用率取决于景区本身的热度和潜力，定价和功能也需要因地制宜

（2）场地性质。

场地的性质决定了地块使用的稳定性及使用的代价和限制条件。营地是否需要频繁拆搭、维护的便利性和场地本身的配套设施对营地的硬件配置、服务设计、运营成本和运营效率有重要影响。

不同场地性质的营地特点

名称	特点
闲置公共地	①因土地大多归国家或集体所有,故须得到管理方许可才能长期经营使用,可能会频繁拆建,产生较高的人力成本 ②配套设施通常不完善,需要提供更多的装备和服务,使用率也受到较多硬性限制,难以提高 ③具有稀缺性和较高的经营价值,适合进行高客单价经营,可打造为满足周末和节假日休闲度假需求的典范式营地产品
闲置私人地	①一般是周边农户、居民用地,通常以支付使用费、长期租赁或合伙经营的方式取得临时或长期的使用权 ②具有不错的景观和环境特色,配套设施条件较差,客源和经营方向的选择与公共地类似
商业闲置用地	①酒店、民宿、餐厅等商业经营场地中符合营地要求的闲置空地,在城市和城市近郊居多 ②现代化建筑物相对较多,自然氛围不够浓郁,但是配套设施较为齐全,环境较为精致,距城市较近 ③对营地经营者来讲,运营成本好控制;对于地块的所有者来讲,可以利用自己的闲置地块增加曝光、丰富自身产品,还能够从合作经营中获取一定收益,合作双方都能受益
公园市政用地	公园一般都是市政设施,在取得行政许可后可进行经营,客源和经营模式基本与商业闲置用地相同

2. 装备

在精致露营中,场景的精致感、过程的体验感以及营地带给人们的审美享受和感官愉悦,几乎全都依赖于精良的装备。营地装备不仅能够提供功能性服务和舒适感,而且是传承露营文化、表达户外生活美学的重要载体。

装备的品类选择、质量、外观设计、运输和使用的便利性、价格决定了营地产品的品质、定位和定价。但并不是每个营地都需要配备所有品类,可根据营地的产品定位和场地配套情况进行适度配置,以符合经营需要。

根据营地的条件和定位选择合适装备的同时，装备的品类如果能够做到风格一致，就能有效提升营地的"颜值"，带来更高级的审美体验。

印第安风格露营地

非洲风格露营地

摩洛哥风格露营地

波希米亚风格露营地

侘寂风格露营地

装备的规格包括尺寸、重量和档次。装备规格是否适当，直接影响实际运营过程中的成本、效率、产品定位和用户体验。因此，对营地装备规格进行合理的规划非常重要。

营地装备

3. 服务

营地服务从项目上划分

名称	内容
场地租赁服务	提供地块租赁、环境整理、蚊虫消杀、安保、水电和卫生淋浴设备等
装备租用服务	提供帐篷、家具、炊具、餐具、照明设备、装饰品等
营地搭建服务	提供搭建与拆除、物品的清洁整理等服务
交通服务	提供长途接送、现场接驳等
餐饮酒水服务	提供酒水（含设备器皿）、食材、烹饪等
休闲娱乐活动服务	组织各类户外体验活动、营地休闲娱乐活动，并提供其需要的设备等
主题定制服务	根据预定需求进行的个性化布置、活动和出品设计等
摄影服务	现场拍摄、修图服务
配套预订服务	营地周边其他体验项目、景点门票预订等

营地服务形式从轻到重划分

名称	内容
自助式	客人自己完成营地拆搭、清洁整理、炊事过程，现场没有或有极少服务人员
半自助式	客人只需参与营地拆搭、清洁整理、炊事过程的一部分，最消耗时间和体力的部分由服务人员完成
重服务式	客人无需参与一切事务，由服务人员提供完整的现场服务

4. 客源

露营产品的顾客流量来源与休闲度假产品并无二致，都是由以下几部分构成。

露营产品的顾客流量来源

名称	来源	特点
流量源	①内网络平台 ②流量平台	对内容创作、产品包装、运营、客服转化能力有较高要求
流量池	①经营者建立的社群（包括微信群、论坛等） ②会员权益系统 ③线上裂变工具 ④用户数据处理系统	对技术开发和运维能力有一定要求
转化平台	经营者的小程序、APP等	对产品包装、运营、客服转化能力有一定要求
线下实体	车友会、露营俱乐部、装备品牌商、兴趣社群、有团建需求的企业、有研学需求的学校、活动策划公司等	主要利用经营者自身的商业资源；全国性的合作则需要对等的实力支持
线下营销	①线下聚会 ②露营节会 ③传统媒体合作 ④线下实体联名活动	主要利用经营者自身的商业资源，对策划执行能力有一定要求 全国性的合作则需要对等的实力支持
线下合作伙伴	景区、场地合作方的原有客源	—

三 景观设计

1. 水景

水景是整个营地最迷人也最激发人兴趣的元素之一，在规划设计中，更是不可或缺。比如，海滨型、河畔型、湖畔型等营地在选址阶段就很重视水体。在营地的娱乐区，划水等活动也都依赖于水体。安静的湖畔或露天温泉等优美的环境也是营地的重要卖点。

（1）水景营造注意要素。

①水景的选材、布局等注重与大自然融合，多以防腐蚀材料为主。

②重整体性，项目宜聚不宜散，利于管理。

③以人为本，将活动重心设在浅水区，根据要求设置护栏，地面做防滑处理，在河岸边沿加宽坡面等。

④有较大水面的营地，可设置码头以安排游船及水上活动项目。

⑤溪流水面较窄、形态多变，可设置安静的观景类设施和构筑物，如滨水栈道、垂钓台等，形态走向呼应溪流边沿变化，力求自然一体。有些营地内有特色水景，如叠瀑、涌泉类，可以此为视觉中心展开设计，并布置最佳观景点。

营地水景

（2）营地水景表现形式。

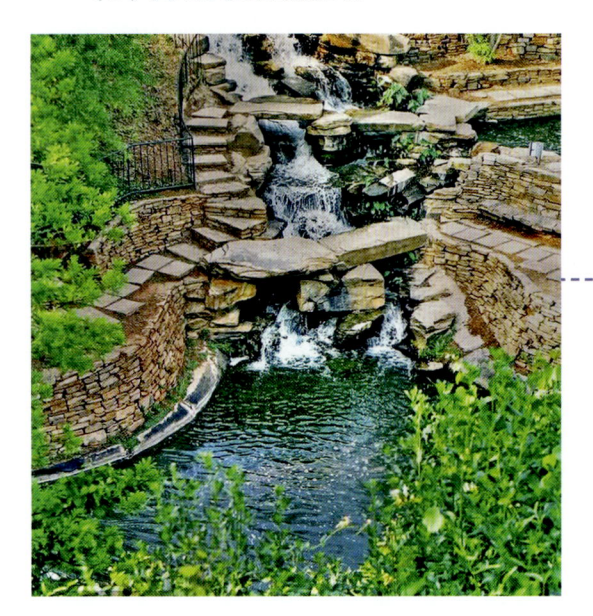

人工溪流

"有山皆是园，无水不成景"，在露营地打造一个人工溪流可以增添很多生机，也可以为游人带来很多乐趣

打造"天空之境"

不是所有营地都有茶卡盐湖般的胜景，如果在营地里打造一个这样的角落，无论是白天还是晚上都能拍出绝美照片，以此吸引更多游客注意

下沉式水景卡座

卡座下沉，让交流空间充分围合，保证了通透的视野，是年轻人卸下防备、放松身心的交友场所。可在此享受一顿惬意的亲水下午茶，边喝边聊

无边泳池

泳池旁边摆放一排白色沙滩椅，在碧水蓝天的映衬下别具东南亚风情，游客们可以尽情在这里泡澡、拍照发"朋友圈"

汤浴文化在中国传承已久，人们认为水能滋养人的身体，汤能疗愈人的心灵。游客可以在沐浴时放松身体，释放心灵，达到返璞归真的境界

私享汤浴

2. 植物

营地规划设计时，一定要把对自然环境的破坏降到最低。要想和自然环境相融合、与自然环境相配套，植物就起到了至关重要的作用。

（1）植物选择要点。

①选用乡土植物，既生态，又易存活，便于后期养护。

②避免栽种会产生树脂和滋生蚊虫的树木，高大的树木比低矮的效果好。

③休闲活动区应选用无刺、无毒、无异味的植物，减少安全隐患，防护林应选择难燃、抗火的树种等。

（2）植物设计与搭配。

①植物设计整体风格应和地域风貌相统一，还应和营地各功能分区相协调，设计出多样化的绿化环境。

②根据空间需求，做好乔木、灌木、草本不同层次植物的搭配，定期修剪树木；根据不同季节的景观需求，搭配好常绿和落叶植物，做到四季有景。

③尽量少设计隔墙，若需要围合和隔离空间，可以用绿篱等来代替。

植物与铺装结合设计

3. 道路铺装

在营地的开发建设中，道路无疑是最基础的设施之一。根据露营地建设的原则，交通安全是首要的指标。其次，要综合考虑营地的地理、资源分布、生态环境的保护和客人的诉求等诸多要素。

营地道路主要供客人行走且兼顾内外的消防、物资运输等，同时还需要与周围环境相互协调，共同构筑营地交通系统的完整性。营地道路一般分为进出的主干道、步行道路和汀步小路。

进出露营地的主干道以汽车通行为主，也可以作为步行道。沿途以动态景观为主，注重展示成片的森林绿化、山脊轮廓线等景观。若植被长势不是很好，可能会影响游览的整体审美效果。

区内人行道路和场地铺装的样式选择应做到大统一、小变化，道路通常有水洗石路、砖路、汀步等，广场等地则多铺设石材、广场砖等。总的来说，应选择透水性较好的材质，并在色彩、图案拼接上和主题风格一致，且尽量选用天然材料。

汀步石路原本是乡间为跨越溪水而设置的最简朴的垫脚石，在营地内呈现则别有艺术情趣，具有返璞归真的效果。汀步石路注重道路本身的趣味性，交通功能较弱。

营地道路铺装需考虑整体性

主干道

步行道

木栈道

4. 灯光营造

营地灯光需根据不同功能区的要求设计布置。如入口区突出标识，引导指向；服务区的建筑入口灯光需明亮；休闲娱乐区需要夜间活动，应配置高杆灯等能提供充足照明的设备。

营区灯光满足基本照明需求即可，不宜过多，以保证场地静逸氛围。夜晚不适合活动的区域，应尽可能少布置灯光，在节约成本的同时以免影响生态环境。

地灯

氛围灯

灯光烘托氛围（图片来源：极玩地球-露营公园营地）

四 业态"营地+N"模式

想要发展营地旅游，就必须在原本的营地基础上不断融入文化、娱乐元素，做到有体验、有互动、有参与，像景区一样经营营地，做好全局规划。充分利用特色环境资源，丰富露营设施，针对不同的旅游者，规划房车营地、木屋营地、纯帐篷营地等不同风格的营地形式，将它们有机地结合起来，安排在规划用地内。

营地已不只是户外运动的住宿承载体，它是旅行的主角，"户外美学""生活方式"一度成为露营爱好者谈论的关键词。当露营遇到"露营+"，这个行业的未来才有了更多的可能性。"营地+N"的模式可以丰富营地内容，拓宽客源市场，在提高营地的知名度和营地运作的创新方面也有一定的促进作用。

山地自行车

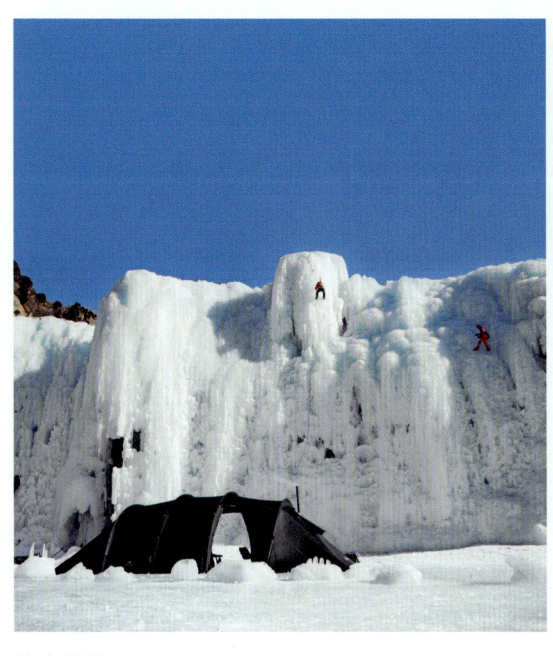

冰山攀岩

滑雪

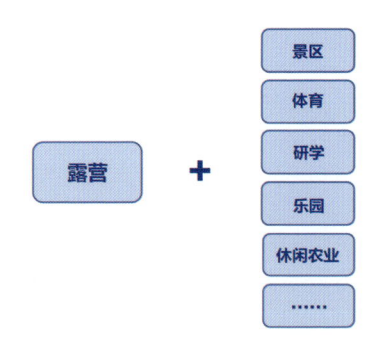

日渐激烈的露营业态无疑对营地的差异化经营提出了更高的要求。因此，在营地建设过程中，应在内容设计上结合体验经济，以创新为导向，不管是针对大众还是小众的喜好投入，都应在产品业态、体验玩法、场景设计与运营模式等方面拓宽视野，并最终在真正意义上赋予"营地+"更多的可能性。

"营地＋N"模式

"营地+N"模式特点

模式	特点
露营+景区	依托景区建设营地，可分流景区客流，同时达到对客户群体的精准营销。对景区来说，营地不仅缓解了接待压力，而且营地内完善的餐饮、住宿、运动、娱乐等设施可以留住游客，让景区由观光型转变为休闲度假型，提高客单价，增收盈利
营地+体育	体旅融合作为推进体育与旅游双产业经济发展的重要突破点，近年来一直备受关注。营地引入体育运动项目，利用不同地域环境打造有特色的体育项目，显然能在一众大同小异的风景落脚地中凸显出来，形成有辨识度的招牌
营地+乐园	营地是自然的，而乐园是有人工加持的。"营地＋乐园"的创新融合开发模式，实质上是"野趣"和"人工"的有机融合，是将营地的特色住宿体验与乐园的主题化游玩体验融合成一体，使自然野趣与人工主题营造相得益彰。这种独特的尝试，构成了项目复合性的核心吸引力和市场魅力值
营地+研学	营地的研学性质是能够配合素质教育的，它催生了科学、艺术、体能拓展等众多户外活动分支。营地作为其户外拓展载体，占据相当大的市场份额。营地教育将成为开启营地"非假日经济"的重要手段之一
营地+休闲农业	随着国内乡村振兴的助力，乡村旅游得到了快速的发展。乡村营地是乡村旅游的重要组成部分，二者结合既能丰富营地的内容，又能提高休闲农业的吸引力，实现增值

丛林风光（图片来源：安吉野欢原营地）　　　水天一色（图片来源：安吉野欢原营地）

第 4 章

露营地分享

图片来源：安吉野欢原营地

受海拔、地形地貌、周边环境的影响，不同露营地有不同的气候特点、到达性、景观环境以及可供开展的体验活动项目。这些不仅决定了露营地的主要卖点，而且决定了营地的经营季节、产品形式、规模大小、装备配置和服务的轻重。从经营角度来讲，既需要充分利用地形地貌特色打造卖点，又需要做好预算，以及营地的运营规划。

营地的管理方和设计方都需要全面把控营地的整体风格，透彻了解营地的自然条件，充分运用景观元素，才能设计出因地制宜、因人制宜、极具独特风格和主题的营地，从而更好地迎合客群的需求。

地形是最主要的基础条件，基本上决定了营地景观的空间结构。营地根据环境特征可分为山地型、海滨型、湖畔型、森林型、沙漠型以及乡村型。基于它们地形基底的不同，整体景观空间的营造也不尽相同，需要在分析场地条件后进行设计。

帐篷营地

一　山地型露营地

山地型露营地一般是指处于山脉间，以山川地势为主要背景的露营地。除具有露营区域、生活服务区域、通常的休闲运动设施外，山地型露营地还会借助地形设置攀岩、山地自行车等活动项目。

山地露营与平地或海滨露营有很大的区别，其地形变化多样，而且隐藏的危险更多，尽管高山景色秀美，但安全性还是要放在第一位的。

山地型露营地

注意事项

①许多高山并没有理想的露营区域,需要开辟出一块空地,所以应尽量找地势较平坦的区域。具明显陡坡或有滑坡痕迹的区域不能露营,碎石较多或有水流痕迹的区域也不能露营。

②山谷中不适宜露营,一旦洪水暴发,很难逃生;山顶也不适宜露营,夜间山风较大,容易吹倒帐篷,人也有落下山崖的危险;露营区域植被不能太茂密,更不能在密林中露营,容易遭到野生动物的袭击。

③露营的位置应距离水源较近,但不处于水源下游;选择靠近茂盛植被但远离密林的区域,既便于扎帐篷,又便于取道离开。

④山中环境复杂、植被较多,短时露营尽量不用明火,防止发生火灾。如遇到需要点火的情况,一定要在睡前将火源彻底熄灭。

⑤如自驾露营,可携带蓄电池与低压专用电热锅,以解决山中露营的饮食问题。如非自驾游,可备足冷食,也可携带化学供能的自热锅来解决加热问题。

⑥帐篷一定要使用帐钉钉在地上,再用石块或石堆压盖固定,如遇大风,可将迎风面折角放平。

⑦要了解目的地夜间温度,准备与之相匹配的抗低温睡袋,同时准备好防寒、速干、贴身的衣服。

⑧为避免遇到危险,也为在山中行走开路便利,可携带开路工具和防身道具。

⑨如遇大雨,应尽快出山离开,实在无法离开时,不要在山谷逗留,寻找避风、避雨的坚固山洞角落暂避。尽量不要扎帐篷避雨,不利于观察危险情况。

⑩对于不熟悉的野山,不要进入密林与山洞。

户外攀岩墙

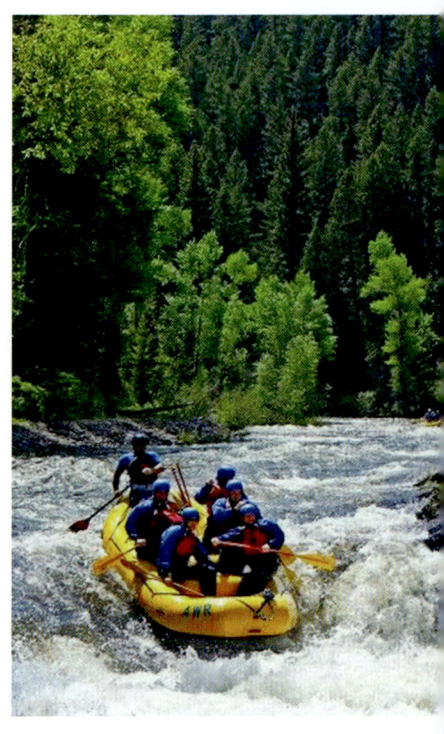

峡谷漂流

登山

山地越野卡丁车

木栈道

观景台

吊床

秋千椅

营地分享

营地名称	富阳云海营地
营地类型	山地型
占地面积	6.6万平方米
营地地址	浙江省杭州市富阳区万市镇枫头岭
基础设施	公共卫生间、淋浴房、免费停车场、公共电源和无线网络

富阳云海营地距杭州仅1.5小时车程，是一个集高山云海、绝美日出日落、灿烂星河于一体的观景营地。营地拥有丰富的露营配套设施，可满足户外露营者的基本需求。

营地鸟瞰图

在这里，伸手可触云端，随意一捧，就可以"捧"到满满的云雾。清晨鸟瞰绵延天际的绝美云海，傍晚沉醉于色彩斑斓的落日晚霞，夜晚仰望触手可及的浩瀚繁星。

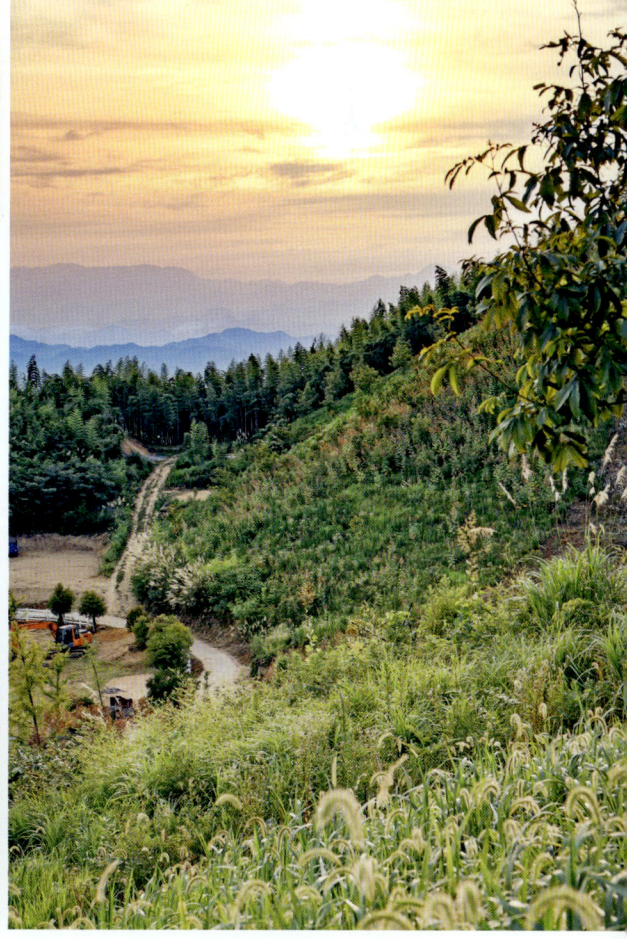

朝霞

晚霞

营地的拎包入住服务很适合新手和追求轻露营的朋友。目前提供有12顶豪华蒙古包帐篷，帐内设置1.2米床垫两张、酒店床品三件套、洗漱用品、波希米亚毯子、置物架、棋牌等设备，夏天配备冷风机，给人非常精致且舒适的露营体验。入住帐篷客房，赠送次日提篮营养早餐，将由管家贴心地送到帐篷旁。足不出户，便能享受丰盛健康的美味。

与此同时，营地亦接待自带装备的客人，客人可亲自动手支好帐篷，体验感满满。目前最多可接待50户家庭入住。

营地还设置了8个"玩咖"营位和4辆房车营位。房车专门配备一顶天幕、一张蛋卷桌和两把椅子，为露营爱好者提供观赏美景的最佳位置。

房车营地

帐篷营地

营地服务区

搭好帐篷，坐在天幕下小憩。喝着咖啡，眺望远方的山峦，偶尔有微风拂面，空气中夹杂山野的清新和咖啡的醇香，郁闷的心情顷刻一扫而空。

休闲区域

营地活动

木栈道

木亭

帐篷区

夜景

飞盘

营地可以体验很多户外项目，如露天电影、飞盘、飞镖等，大人小孩都可以在这里玩得很尽兴。这里没有电子产品的约束，人与人的关系变得更加纯粹和亲密。除此之外，还能欣赏到很多自然美景，观云海，赏日出日落，观星，甚至可能幸运地遇见英仙座流星雨。

繁忙的生活就应该偶尔停下来，来一场精致而享受的短暂"出逃"。简单的幸福，从露营开始吧！

浪漫的晚餐

二 海滨型露营地

所谓海滨型露营，顾名思义，是指建在海边的露营地。这里可以开展丰富多彩的海上、海底运动项目。游泳、踏浪、拾贝、赶海，在海风的吹拂下看日出日落，享受着海边一天的美好时光。

海景

海边帐篷

注意事项

①时刻关注潮汐变化，在安全区内进行露营。

②使用海滩专用营地钉或用沙袋绑定防风绳固定帐篷，以抵抗海风。

③夜晚海滩上会有各种飞虫，确保帐篷配备有防蚊虫纱网。

④注意防沙。

⑤在有安全员的情况下进行冲浪或游泳。

⑥避免在沙丘上行走或玩耍。

沙雕

沙滩排球

日光浴

冲浪

营地分享

营地名称	极玩地球·露营公园
营地类型	海岛/海滨型
占地面积	3万平方米
营地地址	辽宁省大连市金石滩快乐海岸
基础设施	停车场、卫生间、无线网、沐浴设施等

极玩地球·露营公园是全国首个精致露营主题公园，坐落于大连市金石滩国家旅游度假区内，占地3万平方米，由超级酋长部落营地、SOLOCAMP自助露营基地、部落酒馆、W CLUB泳池俱乐部四部分构成。这四大部分的业态各自独立，内容又相互联系。

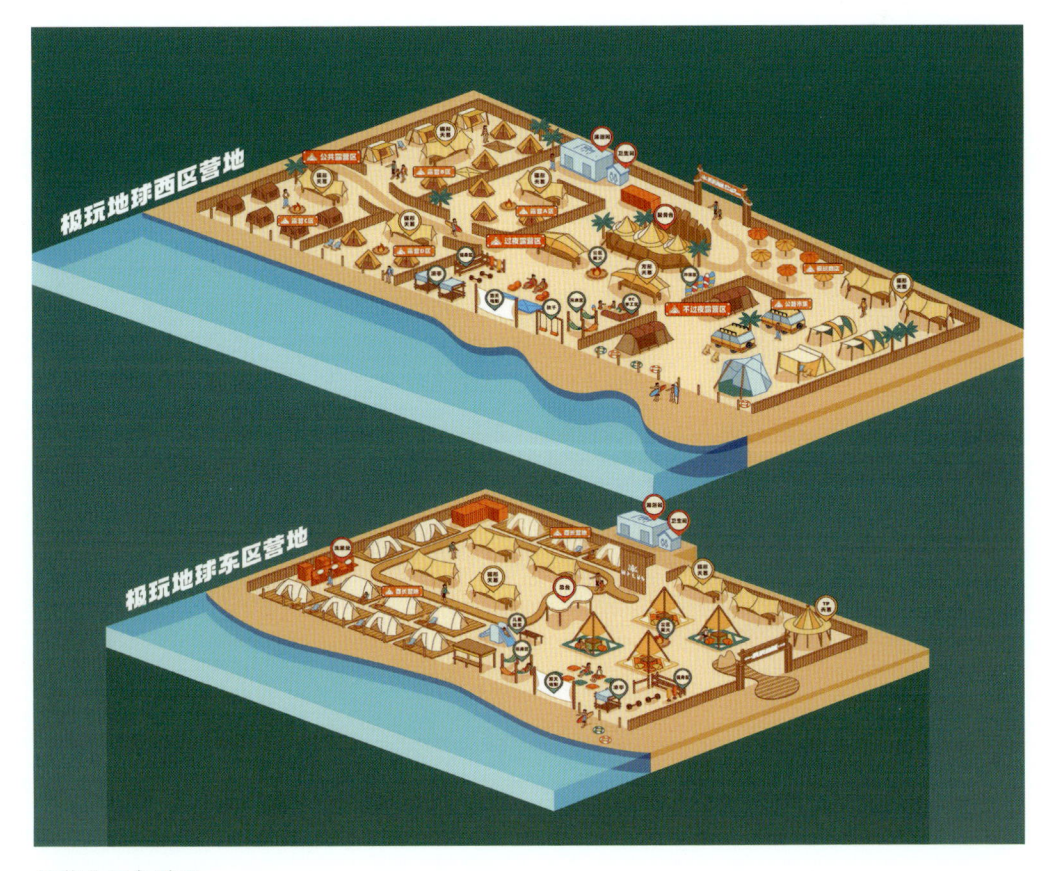

露营公园鸟瞰图

超级酋长部落营地

　　北非风格的超级帐篷营地，提供两天一夜的野奢露营体验。帐内含野奢配套设施、风格美陈以及星级睡眠系统，带玩家体验极致海景野奢生活。套餐内包含纪实摄影服务、野地四餐、篝火晚会、荒野生存技能体验、部落酒局、音乐Live、沙滩影院、海上运动等一系列露营活动，别有风趣！

北非风格帐篷

休闲区

帐篷内景

特色装饰

休闲桌椅

特色休闲区

围炉煮茶

营地餐食

SOLOCAMP 自助露营基地

多风格自助露营基地拥有天幕区、帐篷区以及综合性公共服务区。主题营内除了配备完善的露营生活设施以外，还配备了相应的主题设施。公共服务区内包含沙滩 SPA、西部影院、篝火演示、极玩商店、BC 手工、网红凉亭等区域，提供从入门到"发烧"级的海滩露营服务。

玩家露营区

帐篷搭建

西部影院

篝火

帐篷区

印第安帐篷

部落酒馆

　　东南亚滨海度假风格的酒馆，包含金字塔装置、懒人沙发、休闲躺椅、VAN车（厢式货车）、大型天幕等区域，提供多种风格的精酿啤酒以及各式鸡尾酒。部落风与酒馆元素的结合，让玩家体验在海滨酒馆里喝到微醺的感觉。

部落酒馆

W CLUB 泳池俱乐部

　　全天候的沙滩泳池酒吧，包含浅水泳池、水中卡座、木船吧台、水上演绎区、派对线阵系统。俱乐部融合电子音乐、潮玩艺术、泳池派对等主题活动，可以体验不同风格的潮流生活。

电子音乐

水中卡座

093

三 湖畔型露营地

　　湖畔型露营地临湖设置，可根据水岸边地块空间、场地条件等串联起合适的景观节点。在湖畔支起帐篷，以湖泊为背景进行露营，躺在草地上看白云悠悠，感受湖泊的宁静。微风中带着青草的清香和湖泊的清凉，于此，或是垂钓，或是划船，或是放飞风筝，或是来一场草地运动会……湖畔，是永不过时的露营胜地。

湖畔天幕

湖畔帐篷

注意事项

①营地虽然在湖畔，但是仍要选择相对高度高于水面 5 米左右的地点去搭建帐篷。
②雨季尽量远离湖畔扎营，避免湖水暴涨淹没营地。
③注意防蚊虫，避免露肤。
④在浅水区域玩水嬉戏时注意防滑。

钓鱼

湖畔吊桥

桨板

营地分享

营地名称	临安玲珑营地
营地类型	湖畔型
占地面积	21万平方米
营地地址	浙江省杭州市临安区玲珑镇
基础设施	独立卫生间、淋浴房、免费停车场、公共电源、无线网、公共冰箱

营地鸟瞰图

临安玲珑营地位于杭州市郊，距杭州市区60千米，车程1个小时，距上海市区车程2个多小时，交通便利，是一处藏在杭州近郊，隐于山野的"梦中情地"。

营地自然环境优越，四面环山，植被丰富，水源优质，地势开阔，支持拎包入住、自建帐篷、活动场景布置等。营地有大面积森林可供徒步，还有特色木屋可供休息和拍照，同时也为BC玩家提供露营场地。

营地四面环山

青山绿水、红砖绿瓦，古朴的特色建筑给这里注入了雅致的灵魂。主体建筑与景色相融合，阳光照进来时，随手拍出一张都是艺术时尚大片。

"谁知林栖者，闻风坐相悦"，在湖边的长廊上支两把椅子，与荷花做伴，沏一壶冷萃龙井茶，一口沁凉，轻盈自在。

古朴阶梯

水上运动

营地咖啡馆

099

玲珑营地的露营设施十分完善，包括男女分开的独立卫生间2个、淋浴房、免费停车场、公共电源、无线网、咖啡店、公共冰箱、桨板租赁、餐厅等，为露营者提供多元化的露营体验。

营地的拎包入住区设在山上的草坪上，有金字塔帐篷、酒店式帐篷、"网红"木屋三种可供选择。中、高阶段的玩家往往都喜欢自带装备，亲手搭建帐篷，打造自己的一方露营天地。自带帐篷区也设在大草坪上，可容纳几十个营位。

帐篷区

湖边帐篷

帐篷近景

特色帐篷

"网红"木屋

这里的营地体验项目非常丰富，水上活动、徒步体验、户外KTV、露天电影……处处都新鲜，让玩家一次体验够。

让我们探索、发现、享受这个城市近郊的世外桃源，来一场非同寻常的山野之旅！

亲子互动　　　　　　　　　　游泳

四 森林型露营地

森林型露营适宜选取林下的开阔场地，根据林中空地的面积有序安排景观节点，明确空间导向，合理变换空间，将其组织成结构明晰的景观游线。

森林帐篷区

注意事项

①了解最佳旅游季节。一般来说，我国北方森林公园的春、夏、秋三季景观特色比较明显。

②在森林中穿行，鞋子要防水、防滑，同时要戴上帽子或头巾，穿长衣、长裤，防止被树枝划伤或被毒虫、毒蛇咬伤。

③提前制定行走路线，科学安排时间。如果要去比较偏僻的林区或未开发的原始森林，需要找当地向导带路。

④在茂林里穿梭很容易迷路，除了要备有指南针外，还要留意溪流的走向，顺水觅路不失为上佳寻路法。

⑤不能随意采集标本、摘尝野果。有些植物的汁液、花朵或果实虽鲜艳诱人，但很可能有毒。

⑥在林区或自然保护区内，不能随便砍伐、狩猎、用火、丢弃垃圾等。

滑草

草地足球

溯溪

飞盘

营地分享

营地名称	安吉野欢原营地
营地类型	湖畔型、森林型
占地面积	46万平方米
营地地址	浙江省湖州市安吉县天子湖镇高禹村天子湖畔
基础设施	免费停车场、公共卫生间、24小时热水、充电桩

野欢原营地位于松林之间，群山环绕，环境优美，有着深厚的历史文化底蕴。从杭州市区自驾1.5小时，从上海市区自驾2小时即可到达。车子可以直接开到玩家想要驻扎的营位，自由停车，很是方便。

营地鸟瞰图

107

整个营地占地 46 万平方米，共设有 9 个营区，拥有得天独厚的茂密松林，是个纯天然大氧吧。其中，第 7、8、9 营区距水库更近，是玩家喜爱度最高的三个区域，既能看到水库湖景，又能躲避烈日曝晒。

纯林区营地也是不错的选择。当玩家把车开进松林，松树包围下的环境更像一个僻静的"小窝"，坐赏红霞日暮，卧听穿林打叶，"一车子，一家子，一狗子"，享受完美的逍遥时光。

带宠露营

湖景

绚烂的晚霞

戏水

林间帐篷

　　当然，如果想更加便利，露营区域距入口越近越好，毕竟营地工作人员和小卖部都在入口。

林间小屋

湖畔美景

野欢原营地也被誉为"自由王国"，总体可容纳万人同时露营，适合团建活动、好友聚会、家庭出游、带宠游玩。这里既有自带装备的，又有用房车露营的，还可以选择拎包入住。房车最重要的就是电，野欢原1、6、9号营地设有充电桩，但需要自带转换器和充电器。

除此之外，营地还可以组织很多有趣的活动，山野徒步、飞盘体验、篝火KTV、露天电影，等等。

在繁华尽处寻一抹静谧，泛舟湖上，三五好友，一壶老酒。来吧！于绿野间打开帐门，就能看到全新的世界。

桨板

水上桨板

皮划艇

五 沙漠型露营地

世上任何事物都具有两面性，沙漠也概莫能外。"大漠孤烟直，长河落日圆。"沙漠拥有令人惊叹的奇幻与美丽，白天辽阔、热烈，夜晚宁静、神秘。但是，沙漠还要面对降水稀少、气候干燥的情况，生态结构比较脆弱。其环境随着季节变化十分明显，昼夜温差大。流动的沙丘比较多，没有非常明显的道路。沙漠露营地主要吸引人们来此看星空和日出日落。

沙漠风光

沙漠帐篷

篝火

沙漠摩托车体验

注意事项

①紫外线会对人体皮肤造成伤害，所以，在沙漠里不管多热，都一定要穿长袖衣服，尽量避免暴露皮肤。戴偏光镜，防止眼睛受伤。

②风沙对电子设备和人的呼吸道也有影响，用防水袋将手机、相机等装好，戴好口罩或面巾。

③准备足够的食物，饮水要少饮、多次。

④注意防暑，带好防暑药和一些葡萄糖或生理盐水。

⑤选择合适的时间，沙漠露营游玩的最佳时间是在每年 4~9 月。

沙漠冲浪设备

骑骆驼

六　乡村型露营地

　　绿水青山就是金山银山。在广大的乡村地区，存在着丰富的人文资源和自然资源，乡村旅游开发和发展有着巨大的潜力和市场。人们从城市返回乡村，和大自然亲密接触，让心灵得到放松。而露营恰恰是人追求"诗与远方"的近郊游最佳方式，它能激发农村生产力，满足人们对美好生活的向往。乡村型营地多为城郊型营地，主要考虑与邻近城市的交通联系，再结合自身环境，如运用乡村的特有植物或风物进行景观设计等。

乡村型露营地

动物农场

特色农产品采摘

农旅集市

七　特色露营地

1. 房车露营地

　　房车露营地是指具有一定自然风光，占有一定面积，可提供房车补给和人们露营的娱乐休闲小型社区。相比一般性的露营，房车露营具备更强的移动性、全天候性和舒适性。房车里配备了各种性能卓越的生活设备，如供电和供水设备、排污系统、电视机、游戏机，甚至壁炉等，这些优势都是普通露营无法比拟的。

　　为房车露营者专门建立的营地，除了具备基本的补给功能外，还提供各类娱乐、餐饮等服务，更像是传统意义上的度假村。目前国内拥有房车的人群占比相对较低，但即便没有自己的房车，也可以通过房车营地来满足对于房车露营的向往。

房车营地近景

房车营地鸟瞰

房车营地细节

123

2. 太空舱露营地

太空舱不受地理位置的限制，可设置在营地最佳位置欣赏风景，也可躺在床上观赏星空，内部配备智能家电、厨房、卫浴等设备，外观设计个性化且科幻。

太空舱以脚撑固定，可深入景区腹地，能够适应高峰、密林、滩涂等的地理环境，且几乎不会破坏当地植被和生态，整拆后可快速恢复地形原貌。其抗震钢结构框架、高强度铝板舱身可防地震、抗台风，保温、隔热、隔音性能佳。

太空舱营地内部细节

太空舱外观

3. 木屋露营地

木屋是最能与自然和谐相处的建筑形式，可以为整个营地增添一种古朴的感觉。木屋的基础简便，可以适应各种复杂地理环境，如水面、河床、沙滩、山坡、林地、矿区。另外，其体积小、重量轻的特点更适合运输条件不好的岛屿和山区。

木屋透气、舒适、带有松香味，温馨的氛围在无意间就与环境融为一体，并且烘托了周围环境的视觉效果，能有效提升居住者的归属感。

木屋营地外部环境

木屋营地内部细节

水边木屋

4. 树屋露营地

　　在树林中，借助树枝的原有结构，用木头和干草在枝杈上搭建的房间，是我们最为熟悉的"树屋"形态。最早的树屋是生活在原始丛林中的人为躲避野兽和风雨而发明的。到了中世纪，树屋曾作为一种时尚在欧洲广为流行。阳光透过枝梢，洒下斑驳的光影，让人充满了奇妙的幻想，拥有树屋成为许多孩子的梦想。

树屋露营地

树屋细节

5. 星空露营地

星空房实际上是可移动的建筑屋，由于身处其中可以观赏到满天星空，所以被称为星空房。星空房应用很广泛，一般可应用于露营地、民宿、景区、农庄、特色小镇、商业综合体等，具有环保、投入低、回报高、安装方便快捷、居住舒适等优点。

星空房外观新奇浪漫，内部可配置酒店式设施，还有加密窗帘、空调、遮阳系统、通风系统等，室内空气清新，安静舒适。由于其材质和结构的特性，在实用性方面介于帐篷和建筑房子之间。其应用灵活，既能随装随拆，又能作为长期住房使用。

星空房外观

星空房内部

6. 亲子露营地

对亲子露营地而言，体验感是核心竞争力所在。后期的运营也需把握消费者需求，既要因地制宜，又要"因童而异"，不断提升产品价值，构建品牌差异性。亲子营地的儿童年龄大多在 1～12 岁，需要满足他们的需求，同时兼顾家庭的参与。对于孩子来说，露营无疑是一堂生动又好玩的户外课程。

不同年龄段儿童的特点及配套营地设施

年龄段	特点
3岁以前	需要成人辅助活动，感知力强，对游乐设施的依赖性较弱，运动量小，活动范围有限，需要在相对安全的区域玩耍。可以为其设计滑梯、摇马等轻游戏设施，同时配备供监护人看护的休息设施
3～5岁	需在成人的看护下活动，喜欢模仿和体验，可以适应较大的活动场地，配备适宜的活动器械，以游戏设施为主
6～7岁	需在成人视线范围内活动，可以为其提供较宽敞的场地满足打闹、追逐的活动需求，学习兴趣浓厚，对智力活动的兴趣增加
8～12岁	可独立活动，具有社会人的基本特征，存在潜在叛逆心理，喜欢群体性活动，注重人际交往。可以为其提供具有一定主题及多重环节的冒险类游戏，融入科普教育，寓教于乐

小贴士

唤醒营地的淡季生存法则

虽然自然界的四季轮回是导致营地有淡、旺季的重要因素，但如果调整战略，点燃游客冬季出游的热情，或许能扭转旅游淡季的市场格局。

▶ **因地制宜，因势利导**

近年来，市场上一些有前瞻精神的景区和营地，转变"冬季是淡季"的固化思维，因地制宜，因势利导，从而打开冬季旅游的新局面。结合北方营地冬季运营的实际问题，利用冰雪旅游资源，提高冬季的服务品质，探索出一条冬季运营的新思路。

▶ **智能科技，全时休闲**

开发冬季旅游市场，除了创造特色活动，也离不开强有力的对外宣传。宣传时要有品牌意识，开拓多种OTA（在线旅游）销售渠道及线下销售渠道，产生最大化的宣传和品牌效应。

以全时休闲度假为理念，集生态观光、休闲娱乐、旅游度假、科普教育、农业种植等为一体的综合性智能服务，成为引爆冬季旅游的一个新引擎。不仅要利用丰富的自然资源，而且要打造品牌的长久吸引力。完善住宿条件和配套服务，提升服务水平，弥补产品短板，增加对资本进入市场的吸引力，可以减少淡旺季资源使用不均衡、成本回收期长带来的麻烦，解决可持续经营困难等难题，甚至创造出商机，让冬季旅游"不再冬眠"。

精致露营

小贴士

露营美食

从野餐到露营，再到精致露营，人们在一次次走进大自然的过程中，学会了与自然和谐共处，也创造了更理想的生活方式。人们凭借着对大自然与户外生活的热爱，背上行囊，带上厨具，头顶天空，脚踩大地，把自然荒野作为自己的"厨房"，制作了一道道美味而精致的户外料理。在河流边，在森林里，在雪山上……人们可以发挥灵感和创意，邀请旅途中结识的朋友们一起来享受户外饮食的乐趣。

篝火、月光与露营，不论在何处落脚支帐，人们都会将对"深夜食堂"的向往寄托于一道又一道美食。

烧烤与露营的适配度简直一绝，既可以满足味蕾，又可以升华友人间的情谊。围炉而坐，欢乐嬉闹，是多么美好的时光

没有什么烦恼是一顿火锅解决不了的。天幕下面，席地而坐，三五好友围坐着吃火锅，满足感"爆棚"

面食也是非常适合露营的美食，只需要简单的烹饪工具和食材就可以制作出来。一口面食，一口浓汤，能够在寒冷的户外给人们带来满满的幸福感

小贴士

带着咖啡去露营

手冲咖啡是很多露营玩家的心头好,手冲能更好地展现咖啡豆本身的风味层次和独特的原产地特征。在户外能喝到自己手冲的咖啡是一件幸福而惬意的事情。

现磨咖啡豆提供新鲜的油脂,这是咖啡风味的核心。手摇咖啡研磨机可以研磨咖啡豆,研磨豆子的精细程度也依据个人口味。一般来说,磨得越细,释放的油越多,咖啡的味道就越浓,但太细的研磨会产生苦味

咖啡滤杯是萃取、过滤咖啡的器具,主要作用是托住滤纸,让滤纸有效地分离咖啡渣与咖啡液,相当于"支架",同时促进咖啡粉排气

手冲壶分为控温和非控温两种,在造型上以细长的壶嘴居多,帮助使用者控制水流的粗细和稳定性。当然,也有壶嘴较短的手冲壶。选择哪种取决于使用者自己的使用习惯

重点提醒:不管是手冲咖啡还是煮咖啡,都离不开卡士炉、酒精炉等加热设备。

第 5 章

露营历史与发展趋势

图片来源：富阳云海营地

一　露营的历史与文化

原始社会的人类已经开始展现特有的智慧，他们虽然只能在荒野中生存，却物尽其用地创造了由动物皮毛和木杆制成的帐篷，如印第安帐篷和蒙古包的雏形等，为后人开启了露营帐篷的发展之路。露营的核心是帐篷，帐篷在早期人类野外生存和长途跋涉的旅途中担任着最为重要的角色，帐篷就是他们流动的家。

打磨冰块

因纽特人用冰块建造冰屋

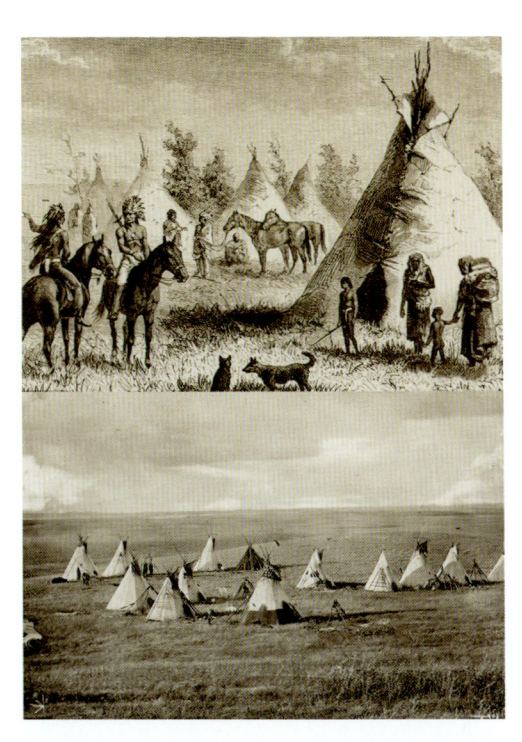

印第安人用动物的毛皮、纺织品搭建小屋

蒙古包

随着人类社会的不断发展，人类的聚居规模从家庭发展到部落，从部落渐渐成为城邦或国家，而具有一定军事性质的"营"逐渐成为政治权力的象征。人类社会早期的露营是以生产活动或军事活动为目的的被动活动。在英国工业革命开始之前，露营的主要功能还仅限于满足人们生存和临时居住的功能性诉求。

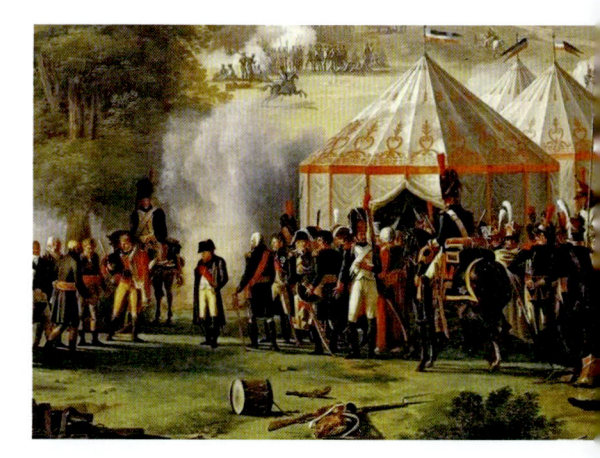

拿破仑的军营

19世纪，一位名叫托马斯·海勒姆·霍尔德（Thomas Hiram Holding，下文简称托马斯）的人乘坐货车，穿越了美国大草原，对自由自在的野外露营生活无比向往。

托马斯在1908年出版了 The Camper's Handbook 一书，中文翻译为《露营者手册》。这本书奠定了其作为现代休闲露营概念创始人的地位，同时也代表着露营进入了新时代，逐渐成了都市居民和当时西方上流社会的休闲娱乐方式。

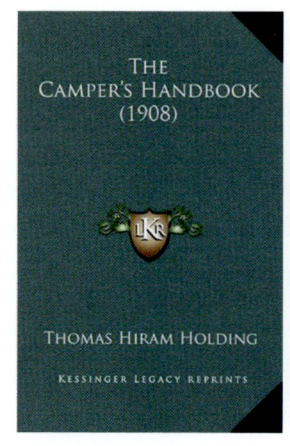

《露营者手册》封面 　　托马斯·海勒姆·霍尔德

20世纪初,英国成立了世界上第一个露营俱乐部,是由几个其他性质的俱乐部和"自行车露营者组织"合并而来。

20世纪初的露营

汽车工业的兴起使自驾出游成了新时尚,随之而来的是"美国露营协会"和"美国营地管理者协会"的相继成立,意味着在当时的发达国家,露营开始催生出一个行业。

驾车去露营 　　　　　　　　　　　　自驾出游

美国一名军官将印第安圆锥形帐篷作为雏形，加以改良后设计了一款钟形的帐篷。帐篷的支撑杆在中间位置，周围覆盖帆布面料，整体结构非常简单，便于搭建且稳固性比较高

欧洲早期的车顶帐篷

直至今日，露营依旧在世界各地受到欢迎。参与露营的人越来越多，其中年轻的爱好者占据了相当大的比重。同时，露营的形式也划分得越来越细致，出现了野外露营和精致露营等分类。

20世纪的山地露营

搭建露营帐篷

二 我国露营的现状与发展趋势

露营能够满足人们在假期短途旅行和贴近大自然的诉求，每逢假期，城市周围的很多营地都吸引着众多爱好者前往。露营由此成了户外休闲旅游的热门，并且在社交媒体的催化下呈现出了爆发式的增长。然而，尽管国内露营的需求很大，但相较于起步较早的西方国家，仍处于初始的阶段，且存在一些比较突出的问题。

①营地用地规划不合理。国内目前对于露营建设用地的使用规定尚不明确，同时也存在着土地使用成本较高、手续办理流程烦琐等难题。

②缺少营地的规划与建设标准。随着"露营风"越来越火热，我国近年陆续出台了一系列露营产业的规范和鼓励政策，比如《休闲露营地建设与服务规范》（GB/T 31710-2015）。未来，相关部门必将出台更多支持露营建设发展的新政策和相关规范标准。

森林露营

③营地运营与管理暂不规范。例如，国内营地很多都缺少健全的预约机制，造成营地人员聚集，在增加营地生态环境承载压力的同时，也导致了保障服务做不到位。

④业界缺乏统一标准，服务质量存在问题。目前，营地经营者大多只从个人爱好出发参与营地的建设运营，致使营地的建设、规划、服务达不到标准。"不达标"的营地为客人提供"不达标"的服务，使一部分用户对露营业产生诸多偏见。

⑤大众对露营行业认识不足。现代中国旅游业发展不过几十年，更多的消费者仍停留在传统的观光式旅游阶段。对于露营、户外等旅游模式，认识尚浅或处于观望阶段。

露营家具

小贴士　国际露营装备代表品牌

1　营舞者　DOD

2008年创立于日本大阪的户外露营品牌，给人们的第一印象是"潮流"和"年轻化"，几乎颠覆了人们传统认知中帐篷的固定形象。可爱"兔子"的品牌标志非常形象地传递了该品牌"自由与疯狂"的露营思考。

2　挪客　Naturehike outdoors

国产一站式露营装备品牌，专注的大项为对露营装备的研发、设计，具体的小项则覆盖了户外休闲、登山徒步、旅游出行等多个领域。

3　雪峰　snow peak

1958年在日本创立的户外品牌，已有60多年的历史。雪峰代表不畏挑战的精神，品牌口号是"人生就是野营"，寓意挑战一切高峰，立志做出更好用的户外产品，同时有着时尚的内核。

4　大白熊　NORDISK

1901年创始于丹麦的户外品牌NORDISK，又被称作大白熊。以其传统棉帆布帐篷闻名于世，帐篷材料厚实，结合新工艺，防水、防风，有浓郁的斯堪的纳维亚风格，非常适合大型露营活动。

露营活动正在被更广泛的人群接纳和尝试，同时也激励更多的人参与到营地发掘和营建活动中。目前，我国露营的发展趋势有以下几个特点。

（1）内容趋向多元化。

露营从业者需要充分了解行业的竞争规则，力求更好地表现以超越对手，从而占据最大化的市场份额。目前，露营从业人士一直在拓展更为丰富的户外活动形式。因此，多元化的内容将成为露营的重要发展目标之一。

亲子露营活动

（2）向"精致化"方向发展。

和传统意义上的野外生存露营方式不同，当今更为流行的是一种讲究美学和情趣的户外活动。人们期待在露营时能够拥有更好的舒适感、娱乐感和审美乐趣，露营朝着"精致化""定制化"的方向发展。越来越多的营地从业者将住宿、餐饮、娱乐等设施置于自然环境和风格化的场景里，并且融入与自然互动和交流的活动内容。和传统的露营相比较，精致露营更加具有动感，其给露营者营造的仪式感、认同感和共情感最能打动人心，从而受到人们的青睐。

精致的露营帐篷内部

（3）突破圈层，成为一种生活风格。

如今，在生活的各个领域，露营风格、露营主题正在快速崛起，如"室内设计露营风""露营风格穿搭""城市露营咖啡馆"等一系列的露营模式就在不断普及和推广。露营不再只是一种户外的运动，而是已经成了一种向往户外、向往自然的生活态度，一种能够突破垂直圈层的文化符号。

露营模式的应用

室内设计露营风

（4）市场逐渐规范。

露营经济也面临着诸多挑战，如前期成本投入较高、周期性壁垒等，怎样克服这些难点是行业稳步成长的关键。随着相关市场逐渐规范化以及露营爱好者不断加入，我国的露营产业必将发展得越来越好。

露营营地鸟瞰图

（5）回归露营内核。

露营市场迫切需要具有创造性且可持续发展的户外休闲经济体系，可以让露营活动遵循事物发展的客观规律，让露营的重心回归到露营本身。

在露营中制作美食

图书在版编目（CIP）数据

户外露营指南 / 徐娜编著. -- 南京：江苏凤凰美术出版社，2023.4
ISBN 978-7-5741-0907-0

Ⅰ.①户… Ⅱ.①徐… Ⅲ.①野营(军事体育)-指南 Ⅳ.①G873-62

中国国家版本馆CIP数据核字(2023)第058451号

出版统筹	王林军
策划编辑	段建娇
特约审校	艾思奇
责任编辑	孙剑博
装帧设计	李　迎
责任校对	韩　冰
责任监印	唐　虎

书　　名	户外露营指南
编　　著	徐娜
出版发行	江苏凤凰美术出版社（南京市湖南路1号　邮编：210009）
总 经 销	天津凤凰空间文化传媒有限公司
印　　刷	雅迪云印（天津）科技有限公司
开　　本	710 mm×1 000 mm　1/16
印　　张	9
版　　次	2023年4月第1版　2023年4月第1次印刷
标准书号	ISBN 978-7-5741-0907-0
定　　价	79.80元

营销部电话　025-68155675　营销部地址　南京市湖南路1号
江苏凤凰美术出版社图书凡印装错误可向承印厂调换